道重さゆみという生き方

～モーニング娘。史上最強のリーダーと呼ばれるまで～

ハロ☆トラ店長
@reqtubehellopro

メトロポリタン新書

目次

プロローグ

12年前、その少女は何も持っていなかった。

少なくとも歌手として、踊り手として素質などないように思えた。

そう、当時テレビで放映された「モーニング娘。LOVEオーディション2002」の風景に映し出された彼女は、まさに私たち「視聴者」と何ら変わりなかったのだ。

正直に言えば、逆に視聴者に優越感を与えるほど、彼女は音楽的素養のない候補者に見えた。恵まれた才能など何もない私は、自然とこの13歳の少女に自らを投影し、無謀な挑戦をする愚か者として嘲笑した。すでにいくつもの挫折を経験し、そのことに慣れてしまった私は、まだ挫折を知らないであろう彼女の無垢な姿に興味を覚えたのだ。

自分の底意地の悪さを認めながらも「彼女はきっと現実に打ちのめされるに違い

ない……」と直感し、その瞬間が訪れた時に、彼女がどんな表情をし、どう打ちひしがれるのかに興味をそそられた。

これが彼女を最初に見た印象だった。少女の純粋さに畏怖すら覚えながら、挑戦する勇気を称えることを忘れ、その非凡さに気づくこともなく、ただ諦めることが多い日常を過ごしていた私には、その挑戦はあまりに無謀に見えたのだった。

当時の「モーニング娘。」といえば、CDを出せばミリオンセールスを連発。TVの音楽番組やバラエティー番組にひっぱりだこの高い音楽性と娯楽性を兼ね備えた国民的アイドルグループだった。メンバーの卒業と加入を繰り返し、世代交代を行ってゆくグループとしても、「発明」といっていい目新しさだった。その新加入メンバーを決めるオーディションの模様は、テレビで何週にもわたって放送され、学校や職場で話題になる超人気ドキュメンタリー番組となっていた。「モーニング娘。」は、誰もが納得のいく「選ばれし者」でなければならなかった。

「そんなに世間は甘くないよ、よくこの場所に出てきたな（笑）」

「素直そうな可愛い子だけど、モー娘。に入れるわけにはいかないだろ（笑）」
オーディションでのレッスン映像が流れるたび、彼女は晒し者となった。全視聴者から笑われたはずだ。しかし彼女はその嘲笑を知ってか知らずか、恥じる素振りを全く見せなかった。厳しい先生方の指導に、ときに怯え、ときに涙を見せながらも、必死になんとかしようとしていた。

音程がとれない彼女は、先生から何度も何度も厳しい指摘を受け、これに真っ向うから立ち向かう姿に、私もようやく彼女の非凡さに気づきはじめる。彼女はたとえ晒し者になろうとも、なりたいものになるために立ち向かっている。その勇気に尊敬の念すら覚え始めたその時、自らの体験からくる底意地の悪い、上から目線の卑怯者の声は打ち消され、彼女にだけはどうか幸運が舞い降りてきて欲しい、夢が叶ったこの子の顔が見てみたい、そう思わせる少女になっていた。今思えば、プロデューサーつんく♂の考えるモーニング娘。が歌やパフォーマンス「だけ」を見せるグループではないことに、私も気づき始めていたのかもしれない。

彼女はモーニング娘。6期メンバーとして合格する。しかしその後、才能溢れる何人もの先輩や同期に混ざって、後列の端っこで踊る彼女の姿に特に注目することもなく、何年もの時が流れた。

しかし、この少女こそが、後にモーニング娘。史上最強のリーダーと呼ばれることになると、このとき誰が予想できただろうか。

誕生から18周年を迎えようとするモーニング娘。の歴史のなかで、実に11年以上に及ぶ彼女のモーニング娘。歴代在籍最長記録は当分破られそうもない。モーニング娘。とは何か？　彼女こそが、この問いの一番の体現者となった。いったい彼女に何が起きたのか？

２０１１年、私は21歳となった彼女と再会する。

第1章　モーニング娘。との出会い

2013年3月、東京は秋葉原のはずれに、ハロー！プロジェクト オフィシャルショップ（通称：ハロショ）東京秋葉原店は開店した。ハロー！プロジェクト（通称：ハロ！プロ）とは、モーニング娘。らが所属し、つんく♂がプロデュースするアイドルグループの総称であり、ハロショとは、そのハロ！プロ所属のメンバーらの公式グッズを売っている物販店のことである。昨今のハロ！プロは、主に無料動画サイトなどで注目され、男性だけでなく、中高生や女性にも支持を得るばかりか、海外にまで大きく人気を伸ばしてきている。

その年の11月、私は大胆にも、そのハロショのある大通りの向かいに、ハロー！プロジェクト・ファンの憩いのBAR「ハロー☆トライブ」を開店させてしまった。この「開店させてしまった」という表現には、同僚や家族の反対を押し切り、なかば強引に店を開いてしまった反省が半分と、アイドルなどと無縁だった私が、これほどまでに急速にハロ！プロ熱に侵されてしまった驚きが半分、含まれている。

このBARの開店以来、私の生活は一変した。思い起こせば、ハロ！プロが好きだと周囲に公言できなかった数年前、私にはハロ！プロを語らいあう友達などひとりもいなかった。ところが、今の私は毎晩のように、大好きなハロ！プロの話で酒宴ができるという幸運の真っ只中にいる。何の説明もなく、「愛理」や「鞘師」という固有名詞が通じるかけがえのない友人を得る環境ができた。私はこの店に集まる皆さんと出会うために店を開いたようなものだ。私の得た幸運は、きっとハロ！プロファンの皆さんの幸運でもあると信じている。

今回、ペンネームとした「ハロ☆トラ店長」は、もちろん私の本名ではない。これは私のTwitterアカウント名（@reqtubehellopro）であり、BARハロー☆トライブ（Twitterアカウント：@hellotribeHQ）の方では、そのまま「店長」と呼ばれている。そんな私がこのたび、あれよあれよと言う間に、本書を執筆することになってしまった。こちらの「なってしまった」は、ただただ大変なことを引き受けてしまったという自責の念である。

そのような楽屋話はさておき、私が本書の執筆を引き受けたのは、ただただモーニング娘。の魅力を語りたいということもあるが、傑出した才能に恵まれていたわけではなかったあの少女、道重さゆみが、誰の目にも「特別な存在」となって光り輝いたのは何故か、普通の少女が「モーニング娘。のなかのモーニング娘。」、伝説的存在となった理由はどこにあるのか？　モーニング娘。と道重さゆみの軌跡をたどりながら、その理由を解き明かしていきたいと思ったからだ。その過程で、彼女のように生きるためのヒントを発見したいと願っている。

しかし、まずは、私がモーニング娘。に「衝撃」を受けて、「ハロ☆トラ店長」というもうひとつの肩書きをもつことになった経緯と、とりわけ「道重さゆみ」に注目するに至った過程を語ることから始めたい。道重さゆみの人生がそうであるように、もはや私の生活はモーニング娘。を抜きにしては語れない。モーニング娘。との出会いは、私の人生を変えるほどの「衝撃的」な出来事だった。

動画サイトのなかのモーニング娘。

2011年1月2日、東京でソフトウエア開発会社を営む私は、年明けだというのに性急の用件ができ、都内にある自分のオフィスで、友人のエンジニアとの打ち合わせに出かけていた。年始早々、どうなることやらと心配していたのだが、幸いにも話はスムースに進み、ミーティングは拍子抜けするほど、あっけなく終わってしまった。

正月の東京は人影もまばらで、この日は天気もよく、外気も澄んでいて気持ちがよかった。私たちは、まだ昼過ぎだというのに、さも当然のようにささやかな宴の準備のためにコンビニに出かけた。私たちはビールと少々の酒肴を買い、それらを会社の打ち合わせテーブルに並べて、酒を酌み交わし始めた。当然ながら、オフィスには私たちしかいない。改めて年始の挨拶代わりに乾杯し、通り一遍の互いの近況や今年の意気込みを語り合ったところで、その友人は急に当時飛ぶ鳥を落とす勢いだったAKB48の話を始めた。

当時、私の息子は小学5年生になっていて、テレビ番組に敏感な年頃だったはずだが、我が家ではテレビを見るという習慣が全くなかった。私自身も芸能情報に疎いどころか、すっかり興味すら失っていて、AKB48についてもほんの数人程度しか顔と名前が一致しない。息子は2年ほど前から始めた野球に夢中になっていたし、私もチームのコーチに駆り出され、毎週土日は早朝から夕方まで、親子でグラウンドにいるのが普通になっていたのだ。少なくとも私が家に居る限られた時間帯に、リビングのテレビのスイッチがついていることなど、ほとんどなかった。

よくわかっていない私に、彼はジャンケン大会の話を熱心に教えてくれていたのだが、しばらくして彼は、大学時代には熱狂的な「モーニング娘。」のファンだったという過去を語り始めた。私もモーニング娘。のことならよく知っている。奇しくもモーニング娘。は私の会社と同じく1998年にスタートしている。当時の私はまだ、家に帰ればテレビをよく点けていたし、彼女たちが誕生した「ASAYAN」のオーディションもそれなりに見ていた。今でも「LOVEマシーン」や「恋愛レボリューション21」を聞くと、立ち上げたばかりの会社で右往左往していた頃の自分を思い出すほどだ。

「ところでさ、モーニング娘。は今どうなっているの？」

特に話題を変えようと思ったわけではなかったが、ふと彼女たちの現在に興味を覚えたのだ。ひょっとしたら、すでに解散しているかもしれない。そんな思いすら脳裏をかすめた。

「そういえば、最近は僕もよく知らないですね」と、彼はそう話しながらもすでにキーボードを叩いていた。

そこで彼が検索したモーニング娘。の動画を見たときの、その衝撃は今でも忘れることができない。長いモーニング娘。の歴史の中で、「プラチナ期」といわれる時代、彼女らがテレビに出なくなっていたその時代の、彼女たちのライブ・パフォーマンスの数々は、まさに「圧倒的」だった。もちろん、私が初めて聴く曲ばかりだったし、モーニング娘。自体も私がよく知るメンバー達ではなかった。

しかし、メンバー全てに感じる自信に満ち溢れた躍動感、楽曲の楽しさ、パフォーマンスの熟練度や表現力、オーディエンスとの一体感、全てのレベルが群を抜いている。なぜこんな凄いグループが世の中に知られていないのか？　そのときはまるで理解できなかった。彼女たちはこれまでどんな活動をしていたのだろうか？　その瞬間から私たち二人は、彼女たちに夢中になってしまったのだった。

それからというもの、「モーニング娘。」は、私にとって魔法の検索ワードとなった。気がつけばＹｏｕｔｕｂｅなどの動画サイトを漁ることに没頭してしまい、私の正月休みは全て、彼女らの過去十数年のアーカイブを見ることに費やされてしまった。

一気にファン濃度が高まった私は、勇気を振り絞ってコンサートに出かけた。しかし、最初はコンサートに出向くだけで満足だった私も、日に日に語り合える友人がいないもどかしさに苛まれてゆく。アイドルファンという気恥ずかしさに、周囲には公言できないストレスも相当に私を苦しめた。

たったひとりの隠密行動に疲れきった私は、２０１３年、ついにハロー！プロジェクトのファンをターゲットとしたＢＡＲ（店名：ハロー☆トライブ）を秋葉原に開店する。それほどまでに私はハロ！プロを話りあえる友人が欲しくなっていたのだ。もはやそのためならナケナシの資金を失う不安などなんでもなかった。このＢＡＲは、これからの私の人生にとってかけがえのないものになる。そういう確信があったのだ。

現在、ハロー！プロジェクトは、去る２０１５年３月にＢｅｒｒｙｚ工房が無期限活動停止となって11年に渡る歴史に幕を閉じたものの、モーニング娘。'15の他にも、パフォーマンス成熟期を迎えた℃－ｕｔｅ、３期メンバーを新たに加え、スマイレージから名称変更したアンジュルム、初のオリコン週間1位獲得で波に乗るＪｕｉｃｅ＝Ｊｕｉｃｅ、嗣永桃子が若手を引っ張るカントリーガールズら、魅力的なユニットが多数ある。さらに、こぶしファクトリー、つばきファクトリーといった２つのユニットが新設され、さらにまたデビュー予備軍であるハロプロ研修生を数十人抱える大所帯となっている。当然、話題はつきない。

Ｙｏｕｔｕｂｅのなかだけで応援していた頃に比べて、今は比較にならないほど毎日が楽しい。とにもかくにもモーニング娘。の発見は、私の人生にとって大きな転機となった。

モーニング娘。〝道重さゆみ〟という存在

モーニング娘。の動画を夢中で漁るなかで、私はこれより以前に、道重さゆみに注目していたことを思い出した。彼女がテレビのバラエティー番組によく出演していた頃のことだ。

２００９年当時、道重は現役のモーニング娘。にしては珍しく、数多くのテレビ番組に単独出演していた。忘れもしない２００３年のオーディション番組での、あの自信のなさそうな美少女が一転、強烈な個性を放っていたのは驚きだった。彼女の毒舌は、彼女が出演するテレビ番組での中核的面白さになっていた。クイズ番組においても、他の芸人が霞むほどの「オモシロ解答」を連発。他のひな壇芸人が可

哀想に思えるほどに、バラエティー番組における才能の違いは明らかだった。彼らがどう頑張っても、彼女には到底太刀打ちなどできないだろう。そう思わせるタレントぶりであった。

その一方で、彼女は当時の「嫌いな女性タレント」として、週刊誌で上位に選ばれていた。世間はまだ彼女の特異なタレント性に気づいていないのか。私は世間の反応にかすかな苛立ちを覚えていた。ただ、我が家はその後、地デジ時代の到来とともに、テレビを全く見なくなってしまい、そして数年もの間、彼女のこともすっかり忘れ去ってしまう。

２０１１年の正月、私がネットのなかでモーニング娘。を再発見したとき、そうした記憶もあってか、メンバーたちの中での道重はチームの「バラエティー担当」、そのスペシャリストという印象であった。彼女専用ともいえる独特の歌割り、叫びや吐息には彼女ならではの存在感があったものの、高橋愛という大センターを擁する音楽ユニットの中で、彼女のパフォーマーとしての印象は正直薄かった。

しかしこの後、リアルタイムでモーニング娘。を追い続けるうちに、歌唱が苦手だったあの道重がステージで堂々と歌い、9期メンバーを率いて輝きを増してゆく姿に目をみはることとなる。好奇心と探究心を刺激された私は、道重さゆみに関する動画やコンテンツ、出版物をひもとき、活動の履歴を追いはじめた。その過程で、道重さゆみの存在がモーニング娘。のなかでも非常に特殊であることに気づいていく。

私の好奇心をかき立てる彼女の存在の面白さは、特異な歌割りや、バラエティー番組のコメントで発揮される瞬発的な能力ではない。むしろ、長期的な持続性を持つ人間的成長に惹きつけられた。彼女はそれを余すところなく一般へと公開していた希有な存在だった。

彼女は歴代のモーニング娘。のなかで、ずば抜けて自分の思いを「言葉」に残したメンバーである。モーニング娘。のなかで一番初めにブログを始め、さらに8年もの間、ラジオのソロ番組で、その時々の自分の思いや考えをファンに語り続けていた。さらに、モーニング娘。では珍しかったソロでのテレビ出演の数々、またその裏で、テレビでは語りきれない部分を雑誌のインタビューを通して文字にも残した。13歳でモー娘。に加入した普通の少女は、歳月を得て彼女だけのストーリーを持っていたのだ。

道重さゆみは、2003年に第6期メンバーとして、13歳でモーニング娘。に加入、2012年にモーニング娘。第8代リーダーに就任以降、名実共にリーダーとしてモーニング娘。を牽引。そして、2014年11月26日、横浜アリーナで行われた卒業公演をもってモーニング娘。を卒業した。

おそらくはモーニング娘。史上最弱の合格者だった道重さゆみ。彼女に何が起こったのか？　モーニング娘。道重さゆみをひもとくには、まず彼女の愛したモーニング娘。をよく知る必要がある。

第2章　「ASAYAN」から生まれたモーニング娘。

結成以来17年の歴史を持つモーニング娘。

現在のモーニング娘。は「モーニング娘。'15」(モーニングムスメ・ワンファイヴ)と呼ぶ。昨年の「モーニング娘。'14」(モーニングムスメ・ワンフォー)から、その年の西暦をつけて活動している。8代目リーダー道重さゆみの卒業後、昨秋には12期メンバーである尾形春水・野中美希・牧野真莉愛・羽賀朱音が加入。2015年6月現在、モーニング娘。'15は、9期メンバー(譜久村聖・生田衣梨奈・鞘師里保・鈴木香音)、10期メンバー(飯窪春菜・石田亜祐美・佐藤優樹・工藤遥)、11期メンバー(小田さくら)と新加入の12期メンバー4人を含む13人体制となっている。

1998年の結成以来、モーニング娘。は、メンバーの加入と卒業を繰り返しながら、息の長い活動を続け、17年の歴史を誇る。これまで、卒業もしくは脱退したメンバーは総勢25名、2011年の正月に私が一瞬で虜になったモーニング娘。はすでに全員が卒業している。社会現象にまでなった人気のピークは去り、メディアへの露出は極端に減ったものの、パフォーマンスの完成度と音楽性の高さを誇り、根強いファンと私のような新しいファンを取り込みつつ、他のアイドルグループとは一線を画した活動を続けている。

そもそもモーニング娘。は、テレビ番組の企画から生まれて一躍脚光を浴び、ミリオンセラーを連発、誰もが予想だにしなかった大ブレイクを果たした。その誕生から現在まで、モーニング娘。は大きくわけて3つの時代に分けられる。まずモーニング娘。結成から第4期メンバーらが活躍した時代は「黄金期」と呼ばれ、圧倒的なテレビ露出の多さもあって、あっという間に日本中の誰もが知る人気者となった。その後に訪れた「プラチナ期」と呼ばれた時代は、5期から8期メンバーまでで構成され、黄金期とは対照的にテレビメディアにほとんど姿を現さなかった。彼女らはもっぱら、コンサートを主軸として活動し、一線級のパフォーマンス集団となった。そのライブの模様は、当時のファンが勝手に違法アップロードし、これを事務所が削除しなかったために、Ｙｏｕｔｕｂｅなどで世界中で発見され、多くの海外ファンを得た。しかしこれに反比例するように、国内での知名度は失われていった。そして2015年現在、9期から12期で構成される新しい時代に突入している。

少女が大人の女性になるまでの成長過程を見せながらも、質の高いダンスパフォーマンスと音楽性で、他のアイドルグループと次元の違う域に踏み込み、アイドルファンと音楽ファンの両方の支持を得ようとしている。

この「モーニング娘。」というシステムは、ある意味、プロ野球チームのそれに似ている。長嶋・王に憧れた巨人ファンであっても、彼らが引退した後の原や江川、松井らと続く世代もこよなく応援を続けている。彼らがいつの時代も「ジャイアンツ」に声援を送るように、モーニング娘。ファンはいつの時代も「モーニング娘。」を愛してやまないのだ。

テレビ番組の企画でデビュー、そして国民的アイドルグループへ

モーニング娘。結成のきっかけは、テレビ東京系のバラエティー番組「ASAY

AN」の企画コーナーだった。「ASAYAN」は前身である『浅草橋ヤング洋品店』の略称を番組名として、1995年にリニューアルスタート。時代は小室哲哉一色と言ってよい時代であり、名物コーナー「コムロギャルソン」などで人気を得て、その後、ナインティナインが司会を務める「視聴者の夢を叶えるオーディションバラエティー」へと変貌していた。

この番組内の企画の一つとして、1997年4月「シャ乱Q女性ロックヴォーカリストオーディション」が始まった。約5か月の長期にわたって行われた合宿審査の放送を経て、1997年8月、合格者はただ一人、平家みちよに決まった。

しかしこの後、このオーディションの落選者だった5名（後の初代モーニング娘。となる中澤裕子・石黒彩・飯田圭織・安倍なつみ・福田明日香）が再度呼び出され、番組作成インディーズCDを5日間で5万枚、手売りで売り切ればメジャーデビューさせるという、敗者復活戦ともいうべき企画が始まる。1997年9月14日、後にプロデューサーとなるつんく♂が、番組内で「モーニング娘。」と命名。インディーズCD「愛の種」が完成し、ナゴヤ球場でのイベントにて、彼女たちは見事5万枚を完売する。「モーニング娘。」は、こうしたテレビ番組のオーディション企画、しかもその落選者たちの復活ドキュメンタリーから生まれたのだった。

モーニング娘。の正式デビューは翌1998年。メジャーデビュー曲「モーニングコーヒー」は20万枚の大ヒットを達成。それから数か月しか経たないうちに、モーニング娘。は、急遽2期メンバー（保田圭・矢口真里・市井紗耶香）を増員。その一方で、初期メンバーの福田明日香が突然卒業する。

同番組は、プロデュース側の腹づもりや楽屋裏のメンバーの様子をドキュメンタリーとしてそのまま放送した。メンバー間の対抗意識をありのままに映し出し、視聴者すら戸惑うほどの急展開の人事などが功を奏し、視聴者から大人気を得ていた。この間、3枚目のシングル「抱いてHold On Me!」が初のオリコン1位を獲得。後にこの年の日本レコード大賞最優秀新人賞を受賞、そして初のNHK紅白歌合戦に選出されるなど、「モーニング娘。」は、あっという間にスターダムにのし上がったのだった。

しかし、モーニング娘。の勢いはまだまだこんなものではなかった。「ASAYAN」は、この後も数年にわたって、「モーニング娘。」の楽屋裏をお茶の間に流し続け、唯一の3期メンバー合格者・後藤真希を迎えた1999年から絶頂期を迎えることになる。いくつものバラエティー番組でお茶の間を賑わし、テレビをつければ「モー娘。」という時代に突入する。特に後藤真希のデビュー曲となった「LOVEマシーン」の売り上げ枚数は160万枚を突破した。

当時は新興株式市場マザーズが誕生し、IT企業の20代の社長がぞくぞくと株式上場を果たすなど、新しい価値観が日本中を席巻した一方で、これまでの商習慣に慣れた人々を不安にさせていた時代だった。根拠は全くないものの、彼女らがお祭り感満載で歌う「世界が羨む日本の未来」の高揚感は凄まじく、モーニング娘。はこの曲を起点として、老若男女を問わず、世間に完全に認知されることに成功する。

また同じ頃、派生ユニットとして誕生した「プッチモニ（2期メンバー保田圭・市井紗耶香、そして3期メンバー後藤真希の3人）」も「ちょこっとLOVE」でミリオンセラーを達成、「モー娘。」は世間もあっと驚くほどの社会現象となった。また、プロデューサーつんく♂が狙ったこれらの新しい大衆音楽は、楽曲的にもJ－POPの可能性を大きく拡げることになった。

いきすぎたメンバー入れ替え「ハロマゲドン」の余波

しかし、「ASAYAN」の番組企画でもあり続けるモーニング娘。は、視聴者を飽きさせるわけにはいかなかった。番組は引き続き、次々と視聴者の心情を揺るがす企画を打ち出してゆかねばならない宿命にあった。

翌2000年には初期メンバー石黒彩が卒業、そして血を入れ替えるように「モーニング娘。第3回追加オーディション」を開催、4期メンバーの4人（石川梨華、吉澤ひとみ、辻希美、加護亜依）を加入させる。モーニング娘。誕生以来、当時では最多の11人（この4期加入数か月後に2期メンバーの市井紗耶香が卒業し10人）となり、新加入で12歳コンビの辻希美・加護亜依が加わったことにより、平均年齢もこれまでの18・3歳から16・5歳と一気に若返る。

個性派が揃う4期メンバーの加入により、モーニング娘。のバラエティー番組での面白さは、さらに加速度的に認知されるようになる。特に、とんねるずの石橋貴明とSMAPの中居正広司会の「うたばん」、ナインティナインの「めちゃ2イケてるッ!」は、毎回視聴者に多大なインパクトを残し、バラエティー番組におけるモーニング娘。の立ち位置を確立させた。いわば誰の追撃も許さない唯一無二の無敵艦隊、それが1～4期までの、後に「黄金期」と呼ばれるモーニング娘。の姿であった。

この頃のモーニング娘。のスピード感は、まさに世の中に急速に普及したインターネット時代とマッチした。世の中の常識が急激に変わろうとしていたことに、この時代の誰もが期待と同時に不安も抱えていた。モーニング娘。も視聴者が少しでも目を離せば、すぐさま置き去りにしてゆくかのごとく、目まぐるしいメンバーの入れ替わりが続いていた。

2001年春、初代リーダー中澤裕子が卒業し、2代目リーダーとして飯田圭織が就任。さらに、その年の夏には5期メンバーとして、高橋愛、紺野あさ美、小川麻琴、新垣里沙の4名が新たに加わることになった。当時のモーニング娘。は、派生ユニットと呼ばれるものがいくつか作られていた。プッチモニ、ミニモニ。そしてタンポポなど、モーニング娘。本体とは別に、少人数のユニットが作られ、メンバーが選出されていた。ハロー！プロジェクトが興行規模として早くもピークを迎え、これらシャッフルユニットも極めて順調だった2002年7月、唐突にもこれら派生ユニットの大幅なメンバー変更が発表された。

今にして考えれば、新陳代謝を絶やさず常にフレッシュにしていこうとする、この「メンバー入れ替え」の意図は容易に想像がつくのだが、当時のファンは許さなかった。モーニング娘。結成当初からの競争心を煽ってゆく環境で育っていた飯田圭織らは、自らのタンポポ離脱の一方的な発表に明らかに不満を見せていた。これも手伝ってか、後に「ハロマゲドン」と呼ばれることになるこの改革に、当時のヲタ（ファン自身がファンのことを自虐と敬愛を込めてヲタク、もしくはヲタと呼ぶ）の紛糾ぶりは凄まじいものがあった。

この当時のモーニング娘。に対するファンの熱量の大きさ、その方向性は、おおよそ事務所サイドでコントロール不能な状態に陥っており、より大衆化を目論む事務所サイドのベクトルに反して、ファンサイドは思いっきりアンダーカルチャーへと向いてしまっていた。今でこそアイドルの話は、一般的な会話に出しても許される話題になってきたが、当時のアイドルヲタの感性、特に「ヲタ芸」と言われる観戦スタイル（コンサートやイベントでの独特な踊りやかけ声）については、一般層にとっては「キモチ悪い」以外の何者でもなかった。さらに悪いことに、彼らは2ちゃんねるやｍｉｘｉといったインターネットサイトに「ハロマゲドン」への不満や暴言を吐き続けた。

一般人から見た彼らの印象の悪さは尋常なレベルではなかった。彼らの存在は新規層のファンの参入を完全に阻んだだけでなく、アイドルに対するイメージ、正確に言えば「アイドルを応援する人たちの印象」を大幅に損なう結果となった。彼ら（ヲタ）の大部分は「ハロー！プロジェクト」を離れ、2011年あたりからこの時の状況を知らない若い世代のファンたちによって、ファン文化の再構築が行われている。最近では特に女性ファンが多くなった。モーニング娘。の現場（コンサートやイベントが行われる会場をこう呼ぶ）は、あのときとは空気もモラルもかなり違ってきている。今では一部の迷惑ヲタを除き、一般層の流入を阻むような文化はなくなった。

さらに2002年9月、彗星のように現れて、たちどころにモーニング娘。の顔となった3期メンバー、後藤真希が突然の卒業を迎える。在籍期間わずか3年と1か月。突然に目映いばかりに発光して姿を現し、またたくまに消えてゆく様は、文字通り流れ星のようであった。ファンたちは願いごとを言う間もなかったのだ。

彼女の卒業が与えたファンの失意はあまりにも大きく、それを埋めるかのようにその翌月、モーニング娘。6期メンバーを決めるオーディションが開催される。その応募者の中には、憧れのモーニング娘。になるため、本州の西端、山口県からやって来た道重さゆみの姿があった。

第3章　道重さゆみ13歳の挑戦

子どもの頃の道重さゆみ

子どもの頃には誰にでも自分にとってのヒーローやヒロインがいたはずだ。例えばそれは、人気アニメの主人公だったり、プロスポーツ選手だったり、アイドル歌手であったりする。子どもにとってのそれは、こういう大人になりたいという願いそのものだ。そしてそれは、たいていテレビの向こう側から姿を現す。幼少期の道重さゆみが憧れた「モーニング娘。」もそうだったのだろう。

道重さゆみは、1989年7月13日、山口県宇部市にて両親、兄一人、姉一人の家庭の次女として生まれた。父方の祖父の祖父の弟が増上寺法主を務めた高僧、道重信教という家系で、さゆみは信教の兄の玄孫にあたる。当時父親がファンだったNHKアナウンサー、堀江さゆみから命名。隣家には優しい祖父と祖母が住む環境で育った。本人は特におじいちゃん子だったと述懐している。

幼稚園にあがると、スイミング、ピアノ、絵画にバレエ、ヒップホップに英会話と母親が積極的になんでもやらせてくれたものの、これらに熱中することは特になかった。むしろスイミングはすぐに大嫌いになったようだが、自分からやめたいと言えずに、仕方なく通うような子どもだった。

地味で人見知り、あまり友達のいない小学校時代を過ごすものの、学校の登校時で拾う「だんご虫」が唯一の友達であった。通学路で拾っては学校に持っていって、教室の机の引き出しに飼い、話しかけたり、紙で滑り台を作ったりして転がして遊んであげていたという。学校では一人で過ごすことが多かった、と道重は後にさまざまなインタビューに答えている。

そんな学校生活を送りながら、彼女が寂しさに苛まれなかったのは、人一倍愛情豊かな家族に囲まれ、家に帰れば家族から十分愛されていることを実感できていたからに違いない。2歳上の姉とは大の仲良しで、いつも一緒に遊んでいた。当時から非常に個性的だった姉、通称「姉重」の存在もあって、近所では非常に有名な姉妹だったという。その「姉重」とは大人になった現在もとても仲が良いことは有名だ。

この「姉重」とのエピソードについては、後にラジオ番組「道重さゆみの今夜も♥うさちゃんピース」の「今週のお姉ちゃん」のコーナーで数々のネタを披露している。無職で何をやらかすか想定不可能な姉を心から慕い、おばあちゃんになっても一緒にいたい存在だと絶大な信頼を寄せている。通常ならば、忙しく稼ぎ、家計を支える妹と無職の姉が同居すれば、深刻な喧嘩のひとつやふたつがあって当然のような気もするが、道重さゆみにとっては、いつでも自分の一番の味方、精神的支柱というべき存在なのだ。無邪気な姉の行動を面白がって柔らかな笑いに変える。この姉妹の資質に器の大きさを窺い知ることができる。彼女自身、繊細で柔らかい印象と裏腹に、寛大で温かな雰囲気をまとった女性となったのは、このような穏やかな家庭環境にあったのかもしれない。

そんな彼女が初めてモーニング娘。「らしき」姿を目にするのは、1997年、彼女がまだ「だんご虫」と遊んでいたであろう小学2年生の頃であった。

夢中になったモーニング娘。

２０００年を迎え、小学5年生になった道重さゆみは、世間の小学生達と同じように「ＬＯＶＥマシーン」を歌うモーニング娘。に夢中になる。当時、駄菓子屋で売られたメンバーのブロマイドを集めまくり、この年のお年玉をすべて注ぎ込むほどの熱の入れようだった。「ＬＯＶＥマシーン」に続き、ミリオンセラーとなった「恋のダンスサイト」は、彼女が初めて買ったモーニング娘。のＣＤとなった。テレビ番組では「ハロー！モーニング。」（モーニング娘。全出演のバラエティー番組。通称ハロモニ。）が始まり、番組内でナルシスト・キャラを始めた石川梨華（番組内での呼称は、チャーミー石川）の大ファンになる。そして、道重さゆみは、この頃から自分もモーニング娘。になりたいと強く思うようになる。

小学6年生となった２００１年のその夏、初代リーダー中澤裕子が卒業し、飯田圭織が2代目としてリーダーを引き継ぎ、「モーニング娘。ＬＯＶＥオーディション21」が募集された。しかし、応募資格が「中学1年生以上の女性」となっていたため、当時小学6年生だった道重さゆみは応募を断念する。ちなみに、後に道重と同期となる田中れいなは、年齢を詐称してこのオーディションに応募している。なんと彼女はその最終審査まで残るも、その合宿の直前に年齢がバレ、集合場所であった東京駅で失格となっている。

オーディションの審査の模様は数週間にわたって番組で伝えられ、特にドキュメンタリータッチとなった最終審査は、みのもんた司会の2時間枠の特番が組まれ、高視聴率（16・4％）を獲得した。最終的に、モーニング娘。5期メンバーとして4人が新たに加わることになった。

毎週毎週、テレビが伝えるオーディションの模様を食い入るように見ていた道重は、ここで後に先輩・後輩という間柄になる5期メンバー高橋愛の大ファンになる。後にリーダーとして道重らを率い、「プラチナ期」の支柱となる高橋である。

道重さゆみが、モーニング娘。に夢中になり始めた小学5年生の頃、彼女は塾に通い始め、中学受験を目指している。しかし、当時の彼女は「勉強して合格する」というよりも、自分が「可愛いという一点で受かる」と思っていたという。どこまでが本気だったのかはわからないが、彼女が受験した学校は筆記試験以外に面接もあったようで、彼女は「学校側も可愛い子が一定数欲しいはずだから、そのために面接を組んでいる」との独自解釈に至り、当時一番お気に入りの服を着て面接に挑んだ。この結果、至極当然のことながら不合格となり、地元の公立中学校に入学することとなる。ただ、本人は受験に失敗したことをそれほど気にしていなかったようだ。

また、幼稚園の頃から数々の習い事に通ったが、小学4年生の時から習い始めたエアロビクスは楽しかったようで、最終的には週4回も通っていた。

満を持してオーディションに応募

道重さゆみが中学生となった2002年10月。「モーニング娘。ＬＯＶＥオーディション２００２」の募集がフジテレビ系の番組「情報プレゼンター　とくダネ！」で告知された。

すでにオーディションを受ける気満々だった道重さゆみは、当時、市井紗耶香のファンであった兄から情報を聞き、早速応募に取りかかった。このオーディションは、応募時に早くもビデオ審査（課題曲は15枚目シングル「Ｄｏ ｉｔ！ Ｎｏｗ」）があることが発表されていた。道重は慌てて友人からビデオカメラを借り、兄の協力を得てエアロビダンスの映像を送った。撮影された映像には、道重がお気に入りのレオタードを着て踊る姿が収められていた。一次審査通過の知らせを受けた道重は、自信満々で「受かった」と感じたという。挫折をまだ知らない、根拠のない自信に溢れた子だった、と道重は当時を振り返って語っている。

中学生となった彼女は、これまでとは人が変わったように友人を作った。そのきっかけは些細な勇気であった。彼女が入学した中学校は、同じ小学校出身の子が少なく、困り果てて、たまたま声をかけた女の子が、大人になった今でも地元で唯一の親友になった。その子は明るく、愉快で、人を引きつける子だった。その子の元に自然に人が集まるようになり、道重自身も自然と多くの人と話すことができるようになった。

　人見知りで友人が少なく、しかし、それも気にならなかったという12歳の女の子は、このときから、他人に興味を覚え始める。彼女たちは、自分とは違う発想、違うリアクションをする。ダンゴムシとはまるで違う。自分では考えもしなかったことを言われて驚いたり、一方で共感して笑えたりもする。一般的な子どもよりも人間関係を構築する時期は遅かったかもしれないが、それでもようやく彼女は他人との関係が楽しくなったのであろう。そんな幼すぎる中学生が今、あの国民的アイドル、モーニング娘。のオーディションの2次審査を受けに東京に向かう。

第4章　試練の最終合宿審査
～道重さゆみの原点～

最終審査に残った3人の「問題児」

「モーニング娘。LOVEオーディション2002」。モーニング娘。6期メンバーを決めるこのオーディションの応募資格は、中学1年生から高校3年生までの女性と発表されていた。プロデューサーつんく♂は、募集時に「合格者は1名から2名の予定で、場合によっては合格者なしかもしれない」と語っていた。

道重さゆみは、当時13歳。小学生のとき、家族旅行で一度だけ行ったことのある東京に、このオーディションのために何度も通うことになる。応募総数1万2417名は、1次審査通過の時点で、すでに34名に絞られていた。彼女は、持ち前の「世間知らず」が功を奏したのか、どうしたら受かるかなど考えたりせず、素直に思ったままにやりきって、そのまま2次審査のスタジオ歌審査と面談を突破。3次審査のレコーディング審査とつんく♂面接をも合格したとき、候補者は5名に絞られていた。その様子はもちろん、オーディションの途中経過という形で「MUSIX!」や「とくダネ!」で放送された。このオーディションでは、途中から応募者全員の映像を公開して国民投票（道重さゆみは6位）が行われるなどして、相変わらずテレビ番組としての娯楽性をエスカレートさせたものになっていた。

最終合宿審査へと進んだのは3名。東京都出身、中学2年生の亀井絵里。福岡県出身、前回のオーディションで年齢を詐称して帰された中学1年の田中れいな。そして道重さゆみ。このときすでに「問題児」と言われ、そして後に「最強」と言わしめた6期メンバーとなるこの3人は、モーニング娘。オーディションの合宿審査史上、もっとも少人数で、もっとも幼くおとなしい少女たちだった。

この最終オーディションの模様は2003年1月19日のテレビ東京系『日曜ビッグバラエティ』という2時間のスペシャル番組として放送された。司会は徳光和夫、日曜の夜のゴールデンタイムという破格の扱い。審査のダンス課題曲は、1次審査と同じく「Do　it!　Now」、しかし最終審査では3人で一つの形を作ることがテーマとなった。

歌審査の課題曲はメロン記念日の「赤いフリージア」。驚くべきことに、道重さゆみは、この時まだ「音程」の存在を知らなかった。この合宿で道重さゆみが歌った「赤いフリージア」は視聴者を仰天させ、後にファンから親愛と敬意を込めて「さゆーじあ」と呼ばれることになる。その伝説の6期合宿が始まった。

審査が進むなかで、道重さゆみがどういう女の子であるのかが徐々に明らかになってゆく。視聴者の最初の興味は、候補者たちがどんな性格の子であるかだった。3泊4日の合宿初日、そこでモーニング娘。になれるかどうかが決まる、そんな合宿の意気込みを聞かれた道重は、即座に「ジョギングって、何キロ走るんですか?」と聞き返す。カメラに映った道重さゆみは、審査よりもスケジュールに組み込まれていたジョギングを心配するような少女だったのだ。

二人のプロフェッショナルVS三人の子ども

合宿でのダンス・レッスンの先生は、このときまで、モーニング娘。の全曲の振り付けを担当してきた夏まゆみ。コレオグラファーとして、長野オリンピック閉会式での振り付けを担当し、モーニング娘。を立ち上げから指導していた。

レッスン初日、問題児たちはいきなり彼女を怒らせる。モーニング娘。は期ごとに色があると言われることが多い。同じオーディションに通過したメンバー同士は性格や雰囲気がなぜか似通ってくる。問題児の3人は、その10年後の姿からは想像もできないほど、自信がなく、声が小さく、あまりに幼かった。それどころか先生が教えてくれたことに返事すらできない。初対面の大人とあまり話した経験がないのだろう。もちろん、彼女らは相手の目を見て話を聞くこともできない。全てレッスン以前の問題だった。彼女たちが叱られながらも、これら自分たちの問題とどう向き合うのか、ここが最大の見所だった。

教える側と教わる側には、天と地ほどの立場の差がある。昨今は、それを子どもに教える機会が失われてしまっている。大人の方が子ども目線で話すことが良しとされている。「褒めて伸ばす」、誰もがそんなことばかり言っている。成長の機会が失われた子どもたちは、まさに写し鏡のように、彼女たちの姿となってテレビに映し出される。教わるには、そのための心構え、教わる姿勢がなければならない。彼女たちもまた、そこからのスタートだった。

当時を振り返り、道重さゆみは「最終合宿のときは覚えることがいっぱいあったので必死でしたね。怒られたくない一心で、とにかく頑張りました。どうリアクションすればいいのかもわからないから、とにかく（亀井）絵里をお手本にしていました。絵里が言ってることは全部正解だと思って、絵里が返事をしたら私もするし、絵里が笑えば私も笑うし、全部、一緒のことをやってました。絵里は一つ年上で東京出身だったから、とにかくカッコよく見えたんです」（道重さゆみパーソナルブック『Sayu』、ワニブックス、2014年7月刊）と語っている。

当時の映像を見返すと、本人が言うように、先生から質問を受けるたびに、いちいち困った顔で亀井の顔を窺い、返事をせずに下を向く道重の映像が残っている。後に同期となり、親友となる亀井絵里もまた引っ込み思案の自分を嫌い、「モーニング娘。は輝いている。自分で自分を変えたかった」とモーニング娘。に挑戦した理由を語り、なかなか変えられない自分と必死に戦っている少女であった。

もちろん、大人から見れば、叱られて当然の場面だ。しかし、道重さゆみのひとつの特徴は、物事を非常にシンプルに変換し、行動できることにある。複雑な状況下で、複雑な心理状態におかれたなかで、良くも悪くも考えをシンプルにまとめ、行動する能力がある。このときも、先生との関係がどんどん悪化していく最中でも「絵里と同じリアクションをとる」という一点で対処する。この点は、モーニング娘。になってからも変わることはなく、むしろ進化して、状況の変化に応じ、絶えず考え方を更新して対応していたように思う。だからこそ、彼女のシンプルな考えに基づいた行動は、言葉に置き換えることが容易で、一貫性があり、人に伝わりやすい。幼さからくる間違いがあったとしても、その愚直さはむしろ好感をもたらした。

当時、ダンスを教えていた夏まゆみはこの12年後、『月刊エンタメ』(2014年7月号、徳間書店)の「私が見た道重」というコーナーにおいて、「返事もろくにできない。自分の意見を言うことすらできない。そんな女の子が、苦労を重ねながらも、今はリーダーとして立派にグループを引っ張っているんですから。これは本当に素晴らしい話。若い子のお手本になると思うんですよ。（アイドルとしてのお手本ではなく）人間としてのお手本としてです」と彼女を絶讃している。

歌のレッスンを担当したのは、オペラ歌手でもあり、ヴォイストレーナーでもある菅井秀憲（現在は改名し、菅井英斗）。ダンスの夏もそうだが、この世代の先生陣は、技術も一流だが、何よりレッスンを通した人間教育においてずば抜けており、これが2時間のスペシャル番組でのもうひとつの見所となっていた。幼い少女たちに対して、プロとして立ちはだかり、少女相手にあくまでも大人として接し、人としての成長を促した。

3泊4日の合宿は、2時間に編集されて伝えられたが、少女たちの変貌ぶりは、視聴者をテレビに釘付けにするに十分であった。歌の合宿課題は「赤いフリージア」。当時は発表前の楽曲であり、彼女らは合宿初日に音源と歌詞を渡され、個人練習をしてからレッスンに臨まなくてはならない。この日のレッスンは個人レッスンとなったが、彼女らはここでもまた菅井を怒らせてしまう。

夏も菅井も一流の先生は、プロとしての矜持を持っている。彼らはプロとして、目の前にいる生徒が子どもだろうが素人だろうが、プロフェッショナルでいることを強いる。大人の目線に子どもの方を引き上げるのだ。

後に道重と同期となる田中れいなも、この時、教わる側の人間としての姿勢ができていない状態だった。未熟すぎて、先生に対して明らかに失礼な態度をとってしまった。このときの菅井の叱責は、心打たれる名シーンとなる。

「僕はモーニング娘。が凄く好きなの。そこに入って来る人を育てたいの。でもあなたにその気がないんなら自分（ひとり）でやりなさい」さらに彼は続ける。

「音楽を甘く見ないでください。モーニング娘。が毎日どれだけ大変な思いをして（レッスンをして）いるか、あなたにはわからないでしょ。自分がこういうレッスンの場に来れることを感謝しなさい。親にも、選んでもらった人にも。自分がなりたくて来たんでしょ。キラキラしたものの後ろにどれだけの辛い事があるかわかる？

その辛さを今乗り越えなきゃダメ。楽しいだけで終わっちゃダメ。せっかく良い才能もってるのに。僕は今の（あなたの態度）が一番許せない」

溢れ出る涙を彼は隠そうともしない。スタジオでこの映像を見ていた保田圭や矢口真理の目にも涙が溢れる。モーニング娘。が周囲からいかに深い愛情を受けているのか、この愛情こそが彼女らの成長を支えていることを窺い知る名シーンとなった。

人が成長できる場は、他人との関係性のなかだけだ。さらにいえば、どんな人間と向き合ったかによって、人生は突如変わったりする。3人の少女の人生もまた、ここがスタートだった。しかし、この感動のレッスン直後、田中の方は「（菅井先生は）学校の先生とちょっと違う。（菅井先生は）気持ちが入っとうというか、さっき涙流しよった。なんで？　と思った」と幼すぎるが故に、菅井の真意が理解できていない様子が映し出されている。

この番組は、後にモーニング娘。史上最強リーダーとなる道重さゆみの原点として、貴重な映像をいくつも記録している。レッスン中、「できません」と応えた道重に、菅井は「なぜモーニング娘。になりたいの?」と厳しく問いかける。即座に「好きだから」と応える道重。また、叱責されて泣き出してしまったせいで声が出なくなり、菅井に休憩を促されるが、道重は「続けます」と譲らなかった。弱かった彼女の、真っ直ぐなまなざしの奥に隠された強さをカメラが捉えた一瞬であった。

合宿2日目は、レッスンというよりも、彼女らの今後の人生を左右する貴重な一日となった。しかし、結局この日道重は、何もできずに終わった。彼女がテレビで見せた初めての涙、彼女にとって恐らく初めての試練だったに違いない。ただ彼女は逃げださなかった。後につんく♂が評した「彼女のまなざし、向いている方向の力強さ」の言葉の意味が映像を通して確かに伝わってくる一日だった。

翌日は合宿最終日。彼女たちの人間的な成長はともかく、そもそもこの合宿は、モーニング娘。になれるかどうかの合宿である。彼女たちは何もできずに終わってしまうのか、前のめりになりながらも見守るしかなかった。

進化を遂げる3人の少女

最終日はダンスレッスン、歌のレッスンともに1時間半ずつ、午前・午後の2回に分けて行われた。1回目の歌のレッスン、まるきり音程を外しながら、必死に歌った道重は、レッスン後もカメラの前で歌うことを止めなかった。あれだけ恥ずかしがっていた亀井もカメラを気にせず、大きな声を出そうと努めている。

午後のダンスレッスン前、初めて3人で、その30分前に集合し、3人で自主的にダンスの振りを確認。夏先生の前で、遠慮がちな態度をとってきた3人にも、ようやく積極的に教えを請う姿勢が現れ始める。声が小さかった亀井は懸命に大きな声で歌おうとし、返事ができなかった田中は、一番多くの質問を夏に浴びせる。遅すぎた変化ではあったが、ようやく受身ではない、自分たちの意思による積極的なレッスンとなっていく。

まるで駄目なことだらけだった問題児たちだったが、後に夏はこのときのことを

「彼女たちは私を本気にさせた」と振り返っている。

午後の歌のレッスンでは、前のめりになるリズムを修正し、大きな声で歌う亀井の姿には自信が現れ、笑顔で歌えるまでになった。レッスンが終わって、亀井は「歌詞を完璧に覚えていったら、自信になった。カメラやスタッフさんの前で、歌うのは最初恥ずかしかったけど、いったん大きな声を出せば平気なんだと思った。先生に怒られるから大きな声を出すんじゃなくて、（自分から）大きな声を出したいと思った。その辺は（自分が）少しずつ強くなった気がする」と語っている。もともと歌の評価が高かった田中は、先行して感情表現をつけるレッスンへと移行していた。

そして、いよいよ伝説となった道重さゆみの「さゆーじあ」である。この午後の道重のレッスン中に、彼女は驚くべき技術的進歩を遂げる。菅井の指導はとてもユニークで、鉛筆を口にくわえさせて、歌詞を母音だけで歌わせたり、猫の鳴き声のような「ニャ〜オ！」という発声を何回も何回も道重に繰り返させる。腹の底から声を出すための練習法なのか、素人には不明だが、驚いたことに道重は、みるみるうちに音程が取れるようになっていく。あまりに厳しい指導に、泣き出す場面もあったし、常に緊張と必死の思いで顔は赤く紅潮したままだったが、この日、彼女の眼が菅井から逸れることはなかった。

この映像は番組ではわずか数分間だったが、びっくりするほどの音痴だった彼女が、菅井のレッスン中にどんどん音程が取れるようになっていく過程は、もう驚くほかなかった。年齢の割に幼かった彼女は、この時点ですでに一つの大きな壁を乗り越えたのだ。この経験が「成長こそがモーニング娘。の根幹」という彼女の生き方に繋がってゆくことになる。

翌日のダンス審査でも、現状ではベストといえるダンスを完成させた3人は、その映像を撮り終えた後、こぞって夏先生の元へ駆け寄り、泣きながら感謝を告げる。実際には声にはならなかったものの、大きな達成感と少しの後悔の混じった彼女たちの涙に、思わず胸をなでおろし、少女たちの成長を見る心地よさを覚えたのは私だけではなかっただろう。

これら2時間近いオーディション映像を観終えたとき、この3人の問題児は視聴者を完全に味方につけていた。その未熟さゆえに、プロフェッショナルになるにはほど遠いと思えた少女たちだったが、「無理でしょ」と突き放す気にはなれない。それどころか、この先も見守ってあげたいという気にさせる3人の問題児たち。私はすでに誰が合格するかよりも誰が落選してしまうのかが気になっていた。この子たち3人が成長する姿がみたい。合否の発表にハラハラしつつも、私はこのオーディションが特別ではない、普通の女の子の発掘であったことに気がつく。このオーディション自体がドキュメンタリー作品であったように、モーニング娘。もまたドキュメンタリーなのである。モーニング娘。は完成されたプロを揃えて〝魅せる〟グループではなく、逆に普通の女の子が試練を乗り越え、本物のプロフェッショナルになる過程を捉えるドキュメンタリーだったのだ。

どうにでも転んでいける未知数のポテンシャル

オーディションの結果はなんと全員が合格。スタッフからその知らせを聞いた3人の問題児たちは、喜びを爆発させることもなく、また泣き出すわけでもなく、ただただ無言のままだった。拍子抜けした感じではあったが、とにかく新しいモーニング娘。の誕生——道重さゆみのモーニング娘。人生はここから始まった。

道重さゆみについて、つんく♂は「彼女ははっきり言って、歌は全然上手じゃないんですが、マイクに向かう姿勢、まなざしというんでしょうか、彼女が向いている方向は非常に力強い。どうにでも転んでいける未知数のポテンシャル」と語っている。つんく♂が口にしたこの言葉は、はからずも将来の道重の歩みをぴたりと言い当てたかのようで、とても興味深い。

オーディションで歌唱レッスンを担当した菅井英斗は、後の2014年11月10日、道重の卒業直前に行われた「道重さゆみファンクラブイベント」で、サプライズゲストとして登場。そして驚く道重と久しぶりの再会を果たし、あの有名な「ニャ～オ」

の発声レッスンを会場に集ったファンと一緒に再現した。

菅井は当時の道重について「赤ちゃんみたいな赤い頬して、まるい瞳は吸い込まれるようだった。精神世界が深い子なんだろうなと思ったけど、なにも喋らない子だなと思った」と道重の第一印象を語った。

そして「あなた上手くなったわ」と道重の歌唱の上達を褒め、さらに、当時のレッスンの厳しさについて聞かれた菅井は「あれはキレてたんじゃなくて、道重が私を本気にさせるものを持ってたの。吸収していく力が凄くて、ついついこっちも本気になっちゃったの。だから、キレてたんじゃないのよ。たまにムカついたけど（笑）」と答えている。

見事合格を勝ち取った亀井、田中、道重に加え、すでにソロとして紅白歌合戦に出場し、トップアイドルとなっていた藤本美貴もモーニング娘。6期メンバーとして合流することとなり、6期メンバーは合計4人、モーニング娘。も総勢16人という大所帯となった。

第5章　モーニング娘。としての船出
～苦悩と成長の始まり～

こうして道重さゆみは憧れの「モーニング娘。」になった。転校や引っ越しなどの準備期間を経て、他の新メンバーとともに、2003年5月5日、さいたまスーパーアリーナ公演でのデビューが決定した。いよいよモーニング娘。としての本格的な活動がスタートする。

彼女の願いは叶った。合宿で頑張った結果の合格だから達成感はひとしおだっただろう。いよいよモーニング娘。になるという高揚感に震えただろう。しかし、幸運を掴む努力は、数日間の瞬発力でなんとかなったかもしれないが、理想を追い求める努力は持久力を要する。これらはまったく異質の能力だ。

合宿中によく頑張ったとはいえ、何もないところから始めた3泊4日の合宿は、所詮付け焼き刃だ。考えてみれば、それまでの13年間、彼女は他人との関係を作ることも難しかった女の子なのだ。習い事でも、楽しいかどうかだけが価値基準で、上達することにほとんど興味がないような少女が、いきなりプロのエンターテイナーとして、ステージに立つためのレッスンを受けるのだ。本人たちはもとより、先生や先輩たちがどれほど苦労したか、想像に難くない。

道重は後のインタビューで、このオーディションを受けるまでは、挫折を経験したことがなかった、と語っている。挫折を知らないということは、それまで手に入れたいものが何もなかったことを意味する。もちろん、そのために努力をしたこともないだろう。プロデューサーつんく♂が初めから意図したことかどうかは定かではないが、道重さゆみはこの何もない場所からスタートして、唯一無二のモーニング娘。になってゆくのである。

私ってこんなにできない!?

6期メンバーお披露目である2003年5月のさいたまスーパーアリーナ公演と時を同じくして、2期メンバーである保田圭の卒業が発表された。6期が加入した当時のモーニング娘。は16人と史上最多のメンバー構成となった。道重からすると、

12人の先輩と4人の同期がいたわけだが、同期の藤本美貴はすでにソロデビューしているプロ歌手という点で、先輩のようなものだった。

これだけの先輩たちのなか、新人として加入し、グループ内で目立った活躍をするのは至難の技だ。後藤真希が抜けたとはいえ、まだ飯田圭織、安倍なつみといった結成時のメンバーもいたし、矢口真里、吉澤ひとみ、辻希美、加護亜依など個性的なメンバーがたくさん在籍していた。この後、圧倒的エースとなってプラチナ期を牽引した5期メンバーの高橋愛ですら、大勢の先輩の影に甘んじていた。

しかし、この大編成の環境が道重さゆみに特殊な影響を与えることになる。ゆっくりと成長するタイプの彼女にとっては、逆に大人数の体制下は恵まれた環境だったといえる。目立たない分だけ時間的猶予を与えられたと言えるからだ。

なんと道重はモーニング娘。に受かったことで、「自分は全てが揃った人間だ」と勘違いしていた。当時のリーダー、飯田圭織は2003年7月放送の「ハロモニ。」のなかで「あのねぇ、こないだ、あの……（道重と田中を）怒ったのね？　ちょっとね。

『練習してきたの〜?』って言って、田中は『してきましたぁ〜!』って。で、道重に聞いたら、『してませ〜ん』って言って。びっくりして、正直すぎて。なんでしてこないのぉ〜?って言ったら、できてると思ってましたって(笑)」

また、道重はこのときの状況を「飯田さんが怒らないと言われたので、正直に『やってこなかった』と言ったのに、怒られたのでびっくりしました。なんで怒ってるのだろうと不思議でした」と述懐している。

この頃の道重は、純真過ぎて、他人を疑うことを知らず、さらに状況把握もできない少女だった。空想のなかで生きているかのような、そんな少女だった。そもそも道重は、あの伝説となった6期オーディションで、披露した自分の歌についても「それまで歌が下手だと言われたことがなかったし、ダンスもエアロビで賞を取っていたから、テレビでつんく♂さんが『道重は歌が……』ってコメントしているのを見て、びっくりしたんです。中学の先生にも、『オーディションで道重の歌を聴いて、コーヒー噴いたよ』って言われて『さゆみって、歌ヘタなの!?』と初めて認識してショックでした」(道重さゆみパーソナルブック『Ｓａｙｕ』)と語っている。

驚いたことに、道重は自分の音程がどのくらいひどいのか、さっぱりわかっていなかったのだ。彼女の自己認識はその程度だった。当時の彼女はあまりにも幼かった。ただただ大好きだったモーニング娘。に加入することができた、その喜びしかなかった。

本人も「両親に褒められて、可愛い可愛いで育てられてきたせいか、先輩たちからいろいろ注意されて、自分ができないことがこんなにあるんだと気がついてショックでした」と当時を振り返っている(日本テレビ「おしゃれイズム」２０１４年11月16日放送)。

さらに、彼女は「モーニング娘。は才能がある選ばれた人たちの集まりだから、裏で練習したり、努力したりする必要はないってここでも思い込んでいました。なのでモーニング娘。であっても、まず練習の連続なんだということに驚きました。そこからはもう毎日、ダンスについていくのに必死。先輩たちに面倒を掛けてしまうのは申し訳ないし、何より悪目立ちするのは恥ずかしいし……というので、せめてみんなに馴染みたくて、初めのうちはそのためだけに一生懸命やってました」（道重さゆみパーソナルブック『Ｓａｙｕ』）と、当時の自分の胸の内を明かしている。道重の言う「馴染みたくて」の意味するところは、彼女の次の言葉でよくわかる。

「当時はライブやレッスンのビデオも、自分が悪目立ちをしてないかをチェックするためだけに見てました。いい形で目立つなんて絶対有り得ないから、目を薄めにして全体を見て、一瞬でも自分が目立ったら、まだ馴染めてない！　それではダメ！　気になりさえしなかったらそれで大丈夫。そんな確認でした。また先輩やスタッフさんに怒られすぎて、怒られることが最大の恐怖になってたから、自分の印象がなければないほど、ホッとしていました。どうしたら印象を消して、悪目立ちしないようになるかっていうことばっかりに懸命でした」（道重さゆみパーソナルブック『Ｓａｙｕ』）。

芸能人であるにもかかわらず、いかに目立たないようにするかを目標としていたのだから、本来、彼女は芸能人向きとは言えなかったのかもしれない。もちろん、グループとしても良いこととはいえなかったかもしれないが、モーニング娘。の歴史において、一番の多人数体制であった環境が、結果的に彼女のそれを許したのだろう。

しかし、「悪目立ちしないように頑張る」は、当時の道重にとっては、精一杯の目標であったに違いない。良きにつけ悪しきにつけ、道重は多々ある自分の問題をシンプルな行動目標に置き換えることに長けている。空想の世界から醒め、ようやく現実世界におりてきた少女は、ようやく自分が明らかに劣っていることに気がついたのである。

道重さゆみは自分との対話をずっと続けてきた人である。恐らくは、ダンゴムシとの会話もカタチを変えた自分とのコミュニケーションだったのだろう。その彼女がようやく現実社会の人間と自分を比較し愕然とする。これ以降、道重は「現実」という尺度を得て、「現実の自分」と強く対峙してゆく。そして後に、起死回生の「ナルシストキャラ」に打って出ることになるのだ。

いよいよステージデビュー

2003年5月5日、さいたまスーパーアリーナ公演が予定通り行われ、6期メンバーがステージデビューし、同時にモーニング娘。は2期メンバー保田圭の卒業を迎えて、15人体制となった。そして、6期メンバーのデビュー曲「シャボン玉」が7月30日に発売されることになった。

また、かねてより人数が多すぎるという理由で、モーニング娘。を「さくら組」と「おとめ組」の2つに分けることが発表されていたが、「シャボン玉」発売直後の2003年9月、モーニング娘。はこの予告通り、さくら・おとめの分割体制に移行し、それぞれシングルを発表した。道重さゆみはおとめ組に配属され、飯田圭織（リーダー）、石川梨華、辻希美、小川麻琴、藤本美貴、田中れいなの7名となった。道重に厳しくできる飯田と、彼女の憧れだった石川梨華を同じ組に配し、逆に同期で仲が良く、いつも道重と一緒にいた亀井絵里をあえて別の組にしたのは、偶然ではないだろう。さくら組と比べて、ダンサブルな楽曲を提供されたおとめ組での活動は、彼女にとって貴重な経験となっていった。

当時、この分割体制は「モーニング娘。の15人という大人数編成では（ステージの広さの関係で）大きな会場のみに公演が限定されてしまう。分割してコンパクトにすることで全国の小さな会場での公演も可能にする」という説明がされていた。要するに、ビジネス的な意味での分割だったわけだが、後の公演は結成以前とほとんど変わらず、小さな会場で行われることはなかった。

しかし、大人数のもとでのモーニング娘。の「歌割り」について考えると、15人という大人数では、各メンバーにひと通り歌パートを割り振ることが困難で、全員で歌うユニゾン（複数の人が同じ旋律を歌うこと。斉唱ともいう）を多用するほかない。しかし、楽曲的な面白さや楽しさを追求する場合、とてもユニゾンだけでは表現の幅が確保できない。

大人数になればなるほど、例えばＡＫＢグループがそうであるように、ソロ歌唱（歌割り）が与えられないメンバーが多数出てしまい、ユニゾンを多用するしかないことになる。大人数でのユニゾンの良さは、誰が途中で抜けようが入ろうが、歌が下手な人でも歌の上手い人に紛れて歌えるし、誰がセンターに来ても対応できるシステム的なメリットがある。大人数であるからこそ、ジャンケンでもセンターが決められる自由度があるのだ。

しかし、モーニング娘。のように、一人ひとりのメンバーにスポットを当て、声質の違いで楽曲に広がりを出したり、メンバーそれぞれの個性にあった歌詞を与えたいグループとしては、ユニゾン中心では無理である。大人数のままでは、歌やダンスが苦手な道重のようなメンバーをバックダンサー化させるに等しく、音楽性も単調になりやすい。さくら組・おとめ組の分割は、決して公演会場の都合だけの話ではなく、ユニットの規模を縮小して一人ひとりをフィーチャーさせる意図があったはずだ。

道重さゆみもまた、デビュー曲「シャボン玉」や、モーニング娘。おとめ組の「友情〜心のブスにはならねぇ!〜」では、印象的な歌唱パートを与えられた。これらは短いパートではあったものの、彼女の存在を強く印象づけることになった。特に「友情 ～心のブスにはならねぇ!～」では歌いだしを任され、音程が危ういながら少し巻き舌で歌う道重は、この曲の世界観に個性を吹き込んだ。

しかし、それ以降の彼女はさっぱり目立たなくなってゆく。先輩やスタッフから叱られることが恐怖で「悪目立ちしない」ことを目標にしていた彼女は、いつしか「グループから自分の印象を消す」ことが目標になった。当時の彼女はそれこそが、グループとしても一番迷惑がかからない最適解だと信じて疑わなかった。

大きくなりすぎたモーニング娘。と卒業ラッシュ

翌2004年1月、モーニング娘。は初期メンバー、安倍なつみの卒業を迎える。結成当初からずっとセンターに立ち続けた彼女の卒業で、モーニング娘。としても新体制に大きく舵を切らざるをえなくなった。

大きくなりすぎたモーニング娘。に当然のように卒業ラッシュが始まる。2004

年8月、絶大な人気を誇った4期メンバー辻希美、加護亜依の辻・加護コンビまでが卒業を迎える。また、この翌年早々のハロー!プロジェクトのコンサートでは、当時リーダーだった飯田圭織が卒業を発表、さらに翌年春のモーニング娘。のコンサートで石川梨華までもが続く。実質、さくら・おとめの分割売りされたモーニング娘。は、母体の縮小化により分割のメリットがなくなり、2004年3月で実質の終了。わずか半年の活動で本来のグループの姿に戻ることになった。

この頃のモーニング娘。は、相次ぐメンバーの卒業に心が折れ、離れてゆくファンも多かったが、まだ冠番組である「ハロー!モーニング。」(テレビ東京系で2000年4月9日から2007年4月1日まで放送されたモーニング娘。の冠番組。略称はハロモニ。)を持っており、この番組のおかげで、一般層への露出や新規ファンの獲得がかろうじて保たれていた。

道重さゆみは、このバラエティー番組の中で、「真面目にやっているのにできないキャラ」や「自分を可愛いと主張して、周囲にいじられるキャラ」、「先輩にも物怖じせずに突っ込むキャラ」などができあがっていた。歌を披露する際には後方に退くしかなかった道重ではあったが、当時から「モーニング娘。のなかでのキャラクター作り」をしっかり考え、見る人を楽しませる才能を持っていた。この頃の経験は後にバラエティー番組で十二分に活かされることとなる。

道重さゆみは自身で、内向的な性格であることを認めている。一般的に内向的というと、外向的な性格よりもネガティブに捉えられがちであるが、実際はそうではない。内に目が向くのは、物事をより深く考えようとするためである。ただし、その人の知識や経験がベースになるため、知識が乏しかったり、あるいは経験が浅いと上手に解決策が見いだせなくなる。頑張っても他のメンバーに勝てるとも思えず、自分の不甲斐なさをどうすることもできないまま、道重はただ自分に自信がない苦悩の日々を送ることになる。

2005年1月、リーダーだった飯田圭織がモーニング娘。を卒業し、3代目リーダーに矢口真里が就任した。しかし、その3か月後、恋愛スキャンダルによって、リーダーになったばかりの矢口真里がモーニング娘。を脱退。急遽、4期メンバー吉澤ひとみが4代目リーダーに就任することになった。さらに数ヵ月後の2005年5月、4期メンバー石川梨華が卒業し、そして「モーニング娘。オーディション2005」の合格者、久住小春が、7期メンバーとしてモーニング娘。に加入する。

「教育係」という新たな試練

これまで屋台骨を支えてきた安倍や飯田、後藤、辻・加護、石川らが抜けたことによって、新しいモーニング娘。の顔を探すことが、誰の目にも急務となっていた。しかもこの前年に行われた「モーニング娘。ラッキー7オーディション」は、モーニング娘。オーディション初の「該当者なし」で終わっていた。当時まだ11歳だった久住小春は、この翌年行われた「モーニング娘。オーディション2005」において、プロデューサーのつんく♂から〝ミラクル級〟の評を得た待望の選出となった。そんな7期メンバー、久住小春の加入当時、道重が彼女の教育係に任命されたことはあまりにも有名なエピソードだ。それは幼すぎる両者にとって、起こるべくして起こった悲劇だった。

道重自身は「教育係を任されたこと自体は嬉しかったんですが、自分もいろんなことを覚えるのは遅いし、できないことも多いという劣等感の中で、プレッシャーもありました。しかも小春はまだ全然子どもだったから、まったく社会常識がないんです（笑）。そこにきて私もまだ新人と変わらないので、教育するということもわからなかったし、人に注意するっていうこともできなかったんです。（中略）私も小春も、お互い何もわかってなかったんです。小春が『これをして欲しいです』って悪気なく言ってくると、私も教育係なんだから…と思って、怒らずにそれをやってあげてました。本当にいろいろやりました。テレビの配線やビデオの録画もやりましたし、小春に頼まれて、部屋まで朝、迎えに行ったこともあります（笑）。モーニング娘。は『自分でできることは……』だったはずですが、小春はまだ子供でできないんだと、また思い込んで」（道重さゆみパーソナルブック『Ｓａｙｕ』）。

久住小春は当時まだ12歳。道重のコメントから考えて、恐らくは新潟の親元を離れての単身での上京だったのかもしれない。そう考えれば、大人の常識で当時の彼女を捉えることなどできない。また当時16歳だった道重さゆみにしても、まだ「人を叱れない」未熟な先輩だったことも致し方なかった。

しかし、こうした経験は少なからず、誰にでもあるだろう。誰もが後輩とも仲良くやっていきたい。しかし、先輩として指導するということは、ネガティブな指摘を直接後輩に向けなければならない。その葛藤に悩む。特に久住のように幼く、叱責の真意を理解できないであろう相手に対しては、自分が嫌われるのではないかといった恐れが先に立ち、叱ったり諭したりということを手控えてしまうのだ。実際は大人になっても叱れない人の方が多い。もともと相手を上手に叱り、本意を伝え、人を導く技術は非常に高度で、とても労力の要るコミュニケーションである。しかし、こうした現場を経ないと、本人も人として成長できない。道重は当初、初めての後輩の教育係という役どころが嬉しくてたまらなかったようだが、それも束の間だった。

実際に、久住は本当に子どもだったし、道重の言う通り、何もわかっていなかった。久住は久住で精一杯だったのだ。道重もまた未熟だったので、久住の言うわがままを上手に諫められないどころか、忍耐強く世話をして、自らの内部にストレスを抱え込んでいった。誰にも不満を言えず、ただそれが自分の与えられた役目だと思い込むことで、無理やり自分を納得させていたのだ。

幼い子の教育係という難しい役どころを全うしようとするストレスは相当なものだったと思われる。ただでさえ、グループ内での自分の立ち位置に悩み始めていた矢先に、自分とは異なるスターとしての期待をかけられた幼い後輩の面倒をみなければならないという皮肉な状況。彼女の抱えるストレスは、自らの眉毛を抜き始めるという、ある種の自傷行為に及ぶまでになっていた。

しかし、そうした重いストレスを抱えながらも、最終的に道重は、当時の小春との関係を笑い話に変えてみせる度量を持てるようになった。後に明石家さんまのラジオ番組「MBSヤングタウン土曜日」にレギュラー出演することになる道重は、さんまからそうした処世術を学んでいくことになる。

明石家さんまといえば、芸能界の大御所であり、もちろん、人生の大先輩でもある。ハロー!プロジェクトおよびモーニング娘。は、先輩後輩の関係性も含めて、ある種閉ざされた女子校生活にたとえられることが多い。女子高生も学校以外の外気に触れることで、視野を広く持つことができる。受け止め方や考え方次第で状況は変わる。幸運なことにモーニング娘。のなかで、外の空気を一番よく吸っていたのが道重であった。

こんなエピソードもある。モーニング娘。の全国ツアーで、地方に宿泊したときのこと。久住と同室になった道重は、久住から「一人でお風呂に入るのが怖いから、一緒に入ってください」と言われた。道重は仕方なく、久住の子どもっぽい願いを聞き入れたのだが、いざホテルの狭い浴室に二人して全裸で入ってみたところ、「さすがにこれは何か違う!」と気づいて、久住に断って早々に浴室を出た。そして久住に「このことは誰にも言っちゃ駄目だよ」と口止めをしたという。後になって道重は、この頃を振り返り、久住とのやり取りを笑い話として紹介しているが、当時の道重はまだ幼く、心の余裕もなかった。

　自分の未熟さは恥ではない、過去のことならなおさらである。こうして自らを笑い話にすることでみんなが救われるということを道重は明石家さんまから学んでいく。大人になることは、いろんなことを「許す」ことでもある。他人はもちろん、過去の自分、現在の自分をも「許す」ことで、ポジティブにこれからのことだけに集中できる。後にその具体的行動として、このように自分の失敗を「笑い」に変える術を身につけた道重だったが、この頃はまだ毎日がただただ必死の連続であった。

Column

インターネット時代のＣＤ売上と音楽産業

ＣＤの売上枚数が楽曲の浸透や流行度を表す指標でなくなって久しい。今でもミリオンセラーだの、オリコン１位だのと、ＣＤ売上の枚数や順位が賑々しく発表されるが、たいていの場合、その楽曲はＣＤを買わずとも、Youtube で簡単に視聴することができる。もちろん、無料である。伝送容量の飛躍的な拡大と伝送速度の大幅アップなど、技術の進歩のおかげで、インターネットで音声や動画をスムースに視聴することが可能になったからだ。

当初、不正に音源をアップロードする輩が増えたせいもあって、著作権侵害等で社会問題化した時期もあったが、今では逆にフル音源に映像をのせた無料のミュージックビデオとして、Youtube に公式にアップロードしているレーベルも多数ある。ハロー！プロジェクトはまさにその代表例だ。

音源がデジタルになり、簡単にコピーができてしまうだけでなく、伝送まで容易にできる。いっそ無料で視聴してもらい、これを宣伝材料として使い、リアルでコピー不可能な実体験を提供する「コンサート興行」で稼ぐスタイルは、現代の世情にマッチする。時代は変わったのだ。長期的には、この姿こそが音楽産業のビジネスモデルの主流になっていくだろう。

第6章　焦燥と模索の時代

「目立ってないっ!」

2006年。この年、5期メンバー紺野あさ美、小川麻琴が卒業し、「モーニング娘。Happy8期オーディション」が開催され、8期メンバー光井愛佳が加入する。道重さゆみはモーニング娘。に加入して4年目、加入時は16人いたモーニング娘。から実に9人もの先輩が次々に卒業し、新たに2人の後輩を迎えていた。この頃から彼女は、加入当初とは違った精神的な余裕が出てきたと語っている。

それまでは、ダンスに自信がないために、ライブやレッスンのビデオを見て、自分が悪目立ちしていないかをチェックし続けていた道重だったが、もう悪目立ちはほとんどしなくなっていた。しかし、そうなると、今度は逆に自分が「目立つところが全然ない」という現実に気がついてしまう。これまでは、どうしたら自分の印象を消せるかに懸命だったわけだから当然である。ようやく彼女は、自分を冷静に見る余裕ができたと言えるが、その危機感は相当なものだった。

新たな課題はこれまでと真逆。どうやったら「目立てるか」である。しかし、これは道重さゆみというよりも、全芸能人の課題と言っていい。それは答えなどない、恒久的な生き残るための戦いであって、早々に解決できるはずもない。道重は、他のメンバーと比べても、自分を顧みても、自分を表現するという点で、何も秀でたものがないことに気づく。思春期特有の自虐的な思考も手伝って、彼女はまた新たな苦悩の日々を送るのだった。

TVから姿を消したモーニング娘。

一方で、この頃のモーニング娘。は、テレビ露出度が落ち、表舞台からすっかり遠ざかっていた。これまでモーニング娘。の顔であった安倍・飯田・後藤・辻・加護・保田・矢口らが抜け、結成当初のテレビ番組企画との連動による新しい刺激策が手薄になったせいかもしれない。

安倍の歌詞盗作事件や加護の喫煙事件、矢口の写真スキャンダルによる脱退など、今考えるとなぜあれほど大げさに扱われたのかわからない気もするが、それらは世間的に非常に印象の悪い扱われ方をしていた。根本的な原因は、視聴者の「飽き」だったのかもしれない。

そんななか、後にモーニング娘。から国民的アイドルの称号を奪うことになるAKB48が東京・秋葉原にひっそりと産声を上げる。当時はまだ「秋葉原のオタク向けアイドル」というイメージが強かったこともあり、世間の関心は薄かった。しかし、逆にアンダーカルチャーな文化をアイドルに求める者の中には、訴求力の弱まったモーニング娘。に業を煮やし、AKBに流れていった者も少なくなかった。

ただ、7期メンバー久住小春は2006年7月、声優として抜擢されたアニメ「きらりんレボリューション」の月島きらり役で大当たりしていた。「月島きらりstarring久住小春（モーニング娘。）」としてグループと並行したソロ活動をスタート。しかもモーニング娘。のCD売上が停滞してゆくなか、彼女の2曲目のシングル「バラライカ」は、モーニング娘。本体のCD売上を超える、まさに「ミラクル」

な活躍を見せていた。現在の中高生のなかには、この「月島きらり」からモーニング娘。を知ったという逆転現象が見られる。

そんななか、道重さゆみは自分のありのままの思いをファンに発信できる機会を欲していた。自分のファンには自分が今、何を考えているのかをわかってほしい。いつも後ろの隅っこで踊っている自分が、本当は何を感じ、何を考えているのか発言できる場所が欲しかった。2006年10月、彼女にもついにチャンスが巡ってくる。道重さゆみがパーソナリティーを務める、CBCラジオ制作のラジオ番組「道重さゆみの今夜も♥うさちゃんピース」が始まった。

拠り所となった「今夜も♥うさちゃんピース」

この「今夜も♥うさちゃんピース」は、道重さゆみの転機となった。彼女自身は当初、ソロラジオがどんなものなのか、何が求められているのかよくわかっていなかった。しかし、与えてもらったソロのお仕事を一生懸命頑張ろうと、そのことだけは心に決めていた。そんなスタートだった。

ところが、いざ始まってみると、このソロラジオは道重さゆみが今一番欲しかった場所そのものであることに気づく。初めてファンの人に向けて自分の気持ちを言葉にすることができ、自分は喋ることが得意なんじゃないか、そして自分の気持ちを言葉にする大切さを知ってゆくことになる。

彼女は、いつも自分の目の前にファンがいるつもりで、マイクに向かった。ファンの人たちとお喋りしているつもりで話すことを大事にしていたという。番組に寄せられるハガキの数々に、彼女はしっかりと愛されていることに気づく。アイドルとしてだけではなく、人として大切な周囲への感謝に気づくのである。自分を表現するために、何をどう頑張れば良いのかさえわからなかった彼女にとって、目の前に道がぱっと開けたきっかけとなった。「今夜も♥うさちゃんピース」放送以降、彼女は少しずつ自分に自信を持つことができるようになった。

いつのまにか彼女は、嫌なことがあったり、思い悩んだりすることがあるときは、この「今夜も♥うさちゃんピース」で、ファンの人たちに聞いてもらうことが楽しみとなった。そして、そのために事あるごとにメモをとるようになった。このラジオ番組は道重本人だけではなく、ファンにとってもかけがえのない交流の場所となった。

事実、このラジオで彼女がファンに語った幾多の話は、本書の土台にもなっている。ファンにしてみても彼女の素の「人となり」を知るうえでのベースとなり、彼女のファンの多くはここを通って彼女のファンとなっていった。彼女の素直で真摯な態度は、否が応でもリスナーの愛情を増幅させることになっていった。

彼女の愛すべき人柄や、語彙が少ないなりに彼女なりの言葉で本心を伝えようとする話しぶりは、当初から彼女の武器であった。何より飾らずに自分の幼さからくる失敗を恥じようともせず、感じたことをそのままリスナーに吐露して楽しませるスタイルは共感を呼んだ。そして、明らかに彼女の話術は向上していった。

これまでもコンサート会場で、ファンからの愛情は感じていただろうが、送られてくるハガキから溢れる愛に、この人たちのために頑張ろうという気持ちが新たにわいてくる。彼女の内面の葛藤は、マイクの向こうにいるファンに告白することで少しずつ昇華されていった。

この放送は2014年11月24日、自身の卒業の2日前の放送で、8年以上におよぶ歴史に幕を下ろした。もちろん、ハロー!プロジェクトのメンバーが出演するラジオ番組の中では最も長く続いた番組である。

Column

つんく♂が仕掛けるモーニング娘。の楽曲

モーニング娘。のプロデューサー、つんく♂は、今でこそ喉を患い、ヴォーカリストとしての活動を休止しているものの、言わずと知れた「シャ乱Q」のボーカルとして一時代を築いた実力派ヴォーカリストである。

彼がプロデュースするモーニング娘。の楽曲は、欧州のクラブ・ミュージックをＪ－POP風にアレンジしたＥＤＭ（Electronic Dance Music）を主体としている。太いベース音とリバーブのかかったドラムパターン、細切れにされたサンプル音に時折挿入されるボーカル。これらを特徴とするダブステップ（Dubstep）を取り入れ、歌詞の世界とともに彼独自の世界観を投影した楽曲となっている。

メロディーラインやサビ歌唱などの目立つ部分よりも、独特のコード進行や複雑なリズム展開、それらをバラバラにせずに纏めてくるつんく♂の技量は欧米の音楽批評家からの評価も高い。先進性という意味では、日本随一の作曲家、唯一無二の存在といって間違いない。

楽曲提供型のプロデューサーである彼は多作としても知られ、これまでの十数年間で、ハロー！プロジェクトだけでも、優に1500曲以上の楽曲を提供している。

第7章　「カッコいい」モーニング娘。

～「プラチナ期」の幕明け～

実力も人気もあるのに浮上できない

2006年12月、8期メンバー光井愛佳の加入に続き、2007年3月、この年、初めての外国人メンバーとなったジュンジュンとリンリンが、8期（留学生）追加メンバーとしてモーニング娘。に加入。5月6日、さいたまスーパーアリーナで行われた『モーニング娘。コンサートツアー2007春～SEXY8ビート～』にて4代目リーダー吉澤ひとみが卒業、そして藤本美貴が5代目リーダーに就任することになった。しかし、またもや、その就任から1月も経たない6月1日、写真週刊誌による恋愛スキャンダルにより、藤本美貴がモーニング娘。を急遽脱退することになってしまう。リーダーの脱退で玉突きの玉のように突き出された格好で、急遽、高橋愛が6代目リーダーに就任することとなる。

突然のスキャンダルで脱退したのがリーダーであり、次世代のエースを約束されていた藤本美貴だということも大きかったが、少なくともファンの目から見て、リーダー的資質に乏しく、その助走期間もないままに、いきなりリーダーとなった高橋愛とその体制への不安感はさらに大きいものとなった。藤本体制に用意された楽曲「女に幸あれ！」も急遽、久住小春のセンターへと変更された。

しかし、この高橋愛率いるモーニング娘。が、これまでとは違ったモーニング娘。のカタチをつくっていくことになる。リーダーになった高橋愛がすぐに「これからはアット・ホームなモーニング娘。にしたいです」と語ったことによって、初期から内在していた競争主義のモーニング娘。とまず決別する。テレビ番組の企画から始まったモーニング娘。は、個々のメンバーのセンターへの強いこだわり、さらに性急なメンバー追加によってメンバー同士が煽られる構造から、これまでややもすると、ぎくしゃくした関係性が見てとれた。

言葉通り、高橋は後輩たちに自らを「高橋さん」ではなく、「愛ちゃん」と呼ばせた。メンバー内の年齢が近かったことも功を奏したのか、彼女はプライベートもメンバーと一緒に過ごすなどしてチーム内の風通しを良くし、先輩後輩の壁を払おうと努力した。

しかし、このような内部改革に古参のファンからは非難の声も多かった。悪いことに、この頃からCDが売れず、その元凶が高橋体制にあるとするファンも少なくなかった。しかし、今も続くこの「アット・ホームなモーニング娘。」は現在の人気の根幹と言ってよい。メンバーの素の姿、仲の良さを全面に押し出す新しいカタチのモーニング娘。は、皮肉にもアイドルグループとしての王道となったのだ。

これまで、人気の割にグループ内であまり目立たなかった高橋愛は、リーダーになったことによって、急激に彼女の思うグループのビジョンが伝えられるようになった。彼女がやりたかったのは、明らかに「アーティスティックでカッコいい」モーニング娘。だった。この後、高橋はインタビューなどで「表現者として」という言葉をよく口にするようになる。この後、有り余る才能も手伝って、彼女はまさに「表現者」として、モーニング娘。歴代随一の実力を持つメンバーへと成長する。この体制からのモーニング娘。が、後の「プラチナ期」と呼ばれる時代の幕開けとなったのだった。

しかし、モーニング娘。は、この頃からテレビメディアでの出演も激減、誰でも知っていた初期メンバーから4期メンバーらかつての主力が完全に姿を消していた。5期メンバーが最上級生となったモーニング娘。には、テレビ的に必要なキャラクターの宝庫といった印象は薄まっていた。コンサートに通うファンはともかく、テレビに出なければ、一般層には全く届かない。芸能人として大事な評価指標である「一般認知」という点で大きく後退し始めたのもこの頃からであろう。この後の数年の間、彼女たちはこの巻き返しに、相当に手こずることになるのだった。

２００８年、モーニング娘。は、台湾・韓国・中国といったアジア圏で初めての海外ライブを敢行している。現地の反響は相当に大きかったのだが、この年、シングルは2枚しかリリースしておらず、メディアが拾えるようなニュースも少なかった。とうとうマスメディアからは完全に姿を消してしまい、グループを解散させるつもりではないか、という憶測さえ飛び交う始末だったが、それも仕方がないといえる状況だった。

気がつけば圧倒的なパフォーマンス集団

しかし、モーニング娘。は、水面下で着々と進化を遂げていた。メンバーは歌やダンスに日夜練習を重ね、リーダー高橋愛の目指す「カッコいい」モーニング娘。の実現に執念を燃やした。そして、ついに２００９年３月、「ＳＥＸＹ ８ ＢＥＡＴ」以来、約２年ぶりとなる９枚目のアルバム「プラチナ ９ ＤＩＳＣ」が発売される。このアルバムはモーニング娘。の新しい方向性を示しただけでなく、歴代の名盤との高い評価を得ることとなる。「プラチナ期」の呼び名は、このアルバムタイトルに由来する。これにより、全盛時代のモーニング娘。を、同様に金属にたとえて「黄金期」と呼ぶようになった。

特に、同年３月から始まったアルバム名を冠した全国ツアー「モーニング娘。コンサートツアー２００９春～プラチナ ９ ＤＩＳＣＯ～」は、高橋体制となった「カッコいい」モーニング娘。の方向性とそれを実現できるメンバーのレベルの高さが合致した、これまでファンが体験したこともないアーティスティックなツアーとなった。おそらく、モーニング娘。史上最高のパフォーマンス時代がこの時期だと言っても過言ではない。モーニング娘。は加入と卒業が繰り返されるため、メンバー内のスキルレベルに差があることが常態化している。熟練のメンバーは卓越したパフォーマンスをモノにしているものの、新しいメンバーは当然ながらスキル面で心もとない。しかし、このときのモーニング娘。は、一番下の8期メンバーは加入から2年ほどしか経過していないものの、パフォーマンス・スキルはとても高かった。

一番上となる5期の高橋愛、新垣里沙、そして6期の亀井絵里、道重さゆみ、田中れいなは、加入から6～8年とベテランの域に達しており、年齢的にも19歳～22歳と円熟を迎え、「プラチナ期」の中核を担っていた。これに7期で16歳の久住小春のスター性が加わることによって、ヴォーカルは誰に飛ばしても個性的な仕事をこなし、ダンスの表現力は隅々まで豊潤な、おおよそアイドルのイメージとは一線を画す圧倒的なパフォーマンス集団と化していた。

奇しくも彼女たちは、テレビメディアに疎遠になっており、世間ではモーニング娘。はすでに忘れられた存在になっていた。見たことがないという方が多いのが非常に残念だが、この時代のモーニング娘。がいかに凄いか、Ｙｏｕｔｕｂｅ等で一見すれば、彼女たちが売れていなかったなど大嘘であることがよくわかる。テレビに出なくなった彼女たちは、コンサートツアーで全国を回り、興行を主体とするビジネスモデルに転換していたのだった。知る人ぞ知るパフォーマンス集団。後年、私が初めて見て感動したのもこのツアー以降のライブ映像の数々であった。

はじめての後輩、久住小春の卒業

ところが２００９年9月。道重にとって初めての後輩で、世話係にまで任命されていた久住小春が突然、卒業を発表する。当時まだ17歳だった久住は、そのスター性を誰もが認めるところで、次世代の核となるメンバーとして期待もあった。ただ、彼女には周囲の気持ちを考えずに思ったことをそのまま喋ってしまう幼さが残っていた。また素行を注意されたときなど、自分の悪気のなさを訴えたいものの、逆にその思いを周囲に伝えられないもどかしさにずっと悩んでいたように思われる。

後の2013年「MBSヤングタウン土曜日」にゲストで呼ばれた久住は、「モーニング娘。はステップアップだった」という発言や、モーニング娘への愛が感じられない発言などが、総じて〝モーニング=踏み台〟を意図するものだとしてネットで広められ物議を醸した。しかし、当時のメディアに全く露出しないモーニング娘。に不安を感じ、若いうちに別の可能性を試したかったという彼女の気持ちを誰も非難することはできないだろう。

彼女は卒業後、すぐに女性雑誌「Ｃａｎｃａｍ」のモデルに抜擢された。しかし今、芸能人として成功しているかといえば正直微妙なところである。負けず嫌いの彼女が「モーニング娘。をやめたのはやっぱり早すぎた、後悔してます」と言ってしまっては、自分のプライドが許さない。何よりも自分のファンの人たちに申し訳ない。「自分は今、幸せです！」と伝える意味での「やめて正解でした！」発言だったものだと思われてならない。一部で「踏み台」発言と報じられたが、彼女はそんな言葉を一度も使っていない。ただ、公平に見ても「MBSヤングタウン土曜日」での発言には、周囲に誤解を招く要素が多分にあった。

そんな久住小春が2009年12月にモーニング娘。を卒業する。このときはまだ誰も彼女のうちなる思いを知らない。ラストステージで「道重さーん」と抱きついてきた久住を道重は「来ないで！」と制止した後、「(私は) 正直、あなたのことが嫌いだった。なのに、なんでこんなに寂しくなるのかわからない」とスピーチを続けた。彼女の、まさに胸の内をさらすことこそ、久住への一番のはなむけになると考えたのだろう。自らのまつげを抜くほどのストレスの原因となった後輩。後列の端で歌割りもなく、自分の居場所すらなかった自分と比べ、加入間もなくソロ活動も始めて大成功を収め、モーニング娘。の中核となっていた久住。アイドルとして、圧倒的な華を持った後輩に尊敬の念も抱いていた。

この複雑な思いを道重は、後にパーソナルブック『Ｓａｙｕ』でこう綴っている。

「今も昔も小春のことは全然嫌いじゃないんです。小春は小春という感じで、妹でもなく、後輩でもなく、友人でもなく、なんかそういう生き物なんだっていう感覚です（笑）。むしろ小春は『月島きらり』としても頑張っていたから、後輩ながら尊敬する部分もありました。今でも小春に会うと、嬉しいですし、お話もします。ただ、自分が小春をもっとモーニング娘。として導いてあげるべきだったかなと思うこともあって、そこは申し訳ない気持ちもあります」

これが真実であろう。こうして久住小春はモーニング娘。を去って行った。

第8章　異色キャラでの奮闘

救いとなった「MBSヤングタウン土曜日」

モーニング娘。がテレビなどのメディアから姿を消す一方で、道重さゆみは、2007年6月、ラジオ番組のレギュラー出演が決定する。明石家さんまが40年近くもパーソナリティーを務めるMBSラジオ「MBSヤングタウン土曜日」だった。

それまでレギュラーを務めていた6期メンバー藤本美貴の突然の脱退で、ぽっかりと空いた枠が道重にまわってきたわけだが、彼女はこれより、自身が卒業するそのときまでの約7年半、明石家さんまとこの番組で共演することになる。彼女にとってこの番組は、芸能人としての心構え、パーソナリティーとしての間の取り方やセンスを学ぶ貴重な場所となっていった。

基本的に大御所のさんまが喋りたいだけ喋る番組だが、最初は相づちを打つだけで必死だった道重は、本番中、さんまに直接ハガキの読み方まで教えてもらうなど、まさに一から教育を受けた。さんまの際どい卑猥なトークにも頑張って17歳なりの感性でついていき、道重が番組に欠かせない存在になるまでに、それほど時間はかからなかった。

翌2008年は、モーニング娘。史上初となる新メンバーの増員も卒業するメンバーもいない年となった。しかし、メンバーが変わらないということは、グループ内のポジションが固定化してしまう。高橋リーダー体制となって、楽曲の完成度が高くなればなるほど、道重の歌割りはむしろ少なくなっていく。後列の隅っこのまま で、自分はどう頑張れば良いのか、手詰まり感が増していくばかりだった。

そんな道重から完全に自信を奪う舞台がその年の8月から始まる。モーニング娘。は、あの宝塚歌劇団と「シンデレラ the ミュージカル」を興行。高橋愛のミュージカル女優としての才能は、2006年に行われた「リボンの騎士 ザ・ミュージカル」でのパフォーマンスで、すでに折り紙付きだった。今回の「シンデレラ the ミュージカル」はその第2弾として、ミュージカルファンからも大きな期待がかかった舞台であった。

しかし、主役のシンデレラ役の高橋や王子役の新垣に比べ、ここでも道重は台詞などほとんどなく、なんと天井からワイヤーで吊るされるだけの妖精役や公演に集まる民衆役などエキストラ同然の役があてがわれてしまう。

公演を全て終えた頃、自分のラジオ「今夜も♥うさちゃんピース」で、彼女は舞台で味わった屈辱を思い出し、本番中に泣き出し、そのくやしい胸の内をラジオの前で吐露した。デビューからすでに5年の歳月がたっていたが、周囲が見えてくればくるほど、自分の成長が見えてこない。何をどう頑張ればいいのか、糸口がつかめない。モーニング娘。を愛するがゆえに、自分がモーニング娘。であることの意味を考えては悶々とする日々だった。

この年は道重さゆみにとって、モーニング娘。になって一番つらい年となった。

このとき、道重の救いとなったのが、この「MBSヤングタウン土曜日」だった。ある日の放送で、出演した舞台の話をしなくてはならなくなった道重は、今にも泣きそうな声で、台詞もなく、ただワイヤーで吊るされるだけの役だったことを明かした。さんまは道重にはばからず「おまえ、おもろいなー（笑）」と大爆笑。このさんまのリアクションに衝撃を受けた道重は、「受け止め方次第で、悲しい出来事も楽しい話題に変えられるんだ！」という、さんま流ともいえる人生訓を学ぶことになる。この明石家さんまとのラジオで培った経験は、彼女の人生のなかで大きな財産となるものだった。

そしてチャンスはめぐってきた

一方、リーダー高橋愛は、翌2009年1月から始まるNHKドラマ「Q．E．D．証明終了」の主演を得る。高橋にとってはチャンスだったが、その他のメンバーにとっては、高橋がドラマの撮影でいない状態が続き、モーニング娘。としての活動ができなくなった。グループ内のエースで、リーダーの高橋がいなければ、ステージでのパフォーマンスなどできるはずもない。しかし、これがきっかけで、道重にテレビ番組出演のチャンスがめぐってくる。

2009年1月3日の日テレ特番「小学生教科書クイズ」。第5回目となったこの回は、この年の正月番組として放送された。司会はくりぃむしちゅーの上田晋也。当時は「おバカタレントブーム」全盛時代、珍解答が期待される出演者も多く、回答者は、スザンヌ、つるの剛士らを含む芸人やタレント総勢30名。ここで結果を出すことは容易ではなかった。

道重さゆみは、もうモーニング娘。には、自分の居場所はないかもしれないと思い始めていた。大好きなモーニング娘。、そのモーニング娘。のために自分は何もできることがない。どう頑張っても同期の亀井絵里や田中れいなにダンスや歌で敵わないし、愛ちゃんに追いつくなんて絶対に無理だ。そこに初めて訪れた単独でのテレビの仕事。しかも正月番組とあって、視聴率はかなり高い。

後がない道重は「ここだ！　ここで頑張るんだ！」という決意で、事前に前回放送分のVTRを用意、番組の流れを研究し、自分がどのように絡めるか、周到にトークのシミュレーションを行って収録を迎えた。当日、結果的に自分が想定していたトークは全くできなかったものの、司会の上田が道重の珍解答を面白がり、これを拾いまくって爆笑の渦と化す。

蓋を開けてみれば、まるで彼女の独壇場のような番組となったのだ。司会の上田晋也をして「君は今年クイズ番組で忙しくなるよー」「芸人は君とはもう出たがらないだろうね」と言わしめた。そして、その言葉通り、道重さゆみの快進撃が始まる。

「ナルシスト・キャラ」と「毒舌キャラ」

2009年は、テレビの「おバカタレントブーム」が一段落し、逆に「高学歴タレントブーム」へと静かに移行し始めていた頃であった。前年末「小学生教科書クイズ」で異彩を放った道重の「おバカ」ぶりも、ブームが下火になった今から参入するのは得策とはいえなかった。

その年の7月、テレビ朝日系バラエティー番組「ロンドンハーツ　格付けしあう女たち」から出演オファーがくる。この番組は各界の女性芸能人が「付き合ってもプラスにならない女」とか「男にコロッと騙されそうな女」などのテーマにそって、自分たちを格付けしあう番組である。出演する女性芸能人が、他の女性をどう見ているのか、女性の本音が炸裂し、またたくまに人気コーナーに成長していた。

道重はこの番組に出演するにあたり、この番組で目立つためには「ナルシスト・キャラ」しかないと覚悟を決める。実は道重は、モーニング娘。によるバラエティー番組「ハロモニ。」の出演当時から、自己満足型の「可愛い」キャラを披露していた。しかも先輩の中澤裕子や石川梨華らにためらわずに毒づき、和やかな笑いをとっていた経験がある。

道重はこの高視聴率番組の出演チャンスにかけ、この「ナルシスト・キャラ」を大幅にチューンナップさせ、これに「腹黒キャラ」を被せたインパクトあるトーク・シミュレーションを準備して収録に臨んだ。

その結果、この番組での道重の爆発力は凄まじく、物怖じせずズバズバと共演の杉田かおるや国生さゆりを攻撃し、舌戦で挑むその姿は、お茶の間に強烈な印象を残した。しかし、このお茶の間から返ってきた反応は、非難・批判の類いがほとんどで、悪意すら感じるものも多かった。自分の居場所を作るための起死回生の手だてだったとはいえ、世間からの非情な風当たりは、後に彼女にかなりの精神的苦悩を与えてゆく。

オンエア後、道重は自身のラジオ「今夜も♥うさちゃんピース」で、この放送についてて早速語っている。

「収録前夜から超緊張してて、本当に胃が痛くて、何が正しいのか、答えがないわけじゃないですか、これを言っていいのかどうかもわからないし、言っちゃったら終わりだし、何を今、さゆみに求められているかもわからないし、(中略)本当に凄い大物女優さんじゃないですか、ヤバいこと言っちゃったなって、収録中に後悔してる自分もいるし、でもさゆみがやるって決めたことだから後悔しちゃ駄目だって、自分に言い聞かせてる自分もいるし。これを喋って、いい方向に転がるかどうかもわからないし、初めてだったんで。どういう風になるのか想像がつかなすぎちゃって、それが凄く難しかったんですけど、メンバーも面白かったよって言ってくれたし、結構反響が大きかったので、そういう意味ではちゃんとできたのかなっていうのはありますね。本当にドキドキでした。最後終わった後に、それぞれ楽屋に挨拶に行かせてもらったんですけど、もうそれも怖かったですね（笑）。国生さゆりさんにいろいろすみませんでした。って『全然、大丈夫だよ』って言ってくださったんですけど、その笑顔の向こうに何かあるんじゃないかとか考えると怖かったです（笑）。でも皆さん、本当に『全然あれで大丈夫だよ！』って言ってくださったので、安心はしたんですけど、皆さん（収録が）終わったら、みんな凄い優しくしてくださって、みんな良い人だなあって思いましたね、そこに助けられました」

この年の『週刊文春』の「女が嫌いな女ランキング」で、道重は10位にランキングされる。まだ20歳になったばかりのアイドル道重さゆみには、世間から浴びせられる冷たい視線は、想像以上につらいものだった。

この番組は、道重のバラエティー番組での起用価値を証明したターニングポイントとなった。「ごきげんよう」、「秘密のケンミンSHOW!」、「マイフェアレディ」、「美女放談」など、数えきれないほどの番組からオファーされ、彼女は一気に各局ひっぱりだこの「売れっ子バラドル」となる。覚悟のうえで演じた「ナルシスト・キャラ」であったし、当然、番組側もそれを期待しての出演依頼が多くなる。その一方で、道重は自分でも望まない方向に進んでいく恐怖も同時に感じるようになっていた。

逆風の中でつかんだモーニング娘。としての自覚と自信

２０１０年が明け、全国ツアー「モーニング娘。コンサートツアー２０１０春〜ピカッピカッ!〜」が始まるにあたって、道重は前年を振り返って次のようにコメントしている。

「２００９年は、凄いいっぱい考えて行動した一年だったなって思うんですよね、お仕事に対して怖いって思った感覚は初めてだったんですけど、それはモーニング娘。としては、一人で出させてもらうことが増えて、凄いありがたいし、嬉しいし、こ

れからもやっていきたいって気持ちなんですけど、初めのうちはただがむしゃらにやって、「いけー！」って感じで、素の自分を出しつつ、毒舌を吐いたりとか、可愛いーとか言ってたりしてたんですけど、それをやらなきゃやらなきゃってなってきちゃうと、凄い自分が無理しちゃってて、なんか怖くなっちゃって。でもさゆみは凄い、ここまで？って言うくらい、頭痛薬を使うくらい考えたんですけど、考え抜いた結果が『考えないでいい』って結果にいったんです。周りとか関係ないと思って、自分のペースで行こうって思ったんですよ。どんなに些細なことだったりとか、凄いちっちゃいことが次に繋がるってことを勉強したんですよ。私はモーニング娘。に入って、トップのグループに入ってきたから、そういう次に繋がるから頑張らなきゃって全くなかったんですよ、普通にメンバーとして後ろでちょこっと踊ってたりとかしてたら、次もお仕事もらえたりとか、コンサート何回もできたりとか、ファンの人が付いてきてくれたりとか、考えてなかったわけじゃないけど、軽かったと思うし、反省もしたし、だからこそ、どんなにちっちゃいコメントとかでも、ちゃんと自分の今やらなきゃいけないことをやって、次に繋げなきゃいけないいんだなっていうのを、一人でやって、さゆみもう8年目になるのに、恥ずかしいことなんですけど、初めて気づきましたね。こんなに一番しなくちゃいけないことを全くやってなかったんだっていうのを2009年は一番それを感じました」（モーニング娘。DVD MAGAZINE VOL・30より）

道重はチャンスをモノにしてからも冷静だった。自信を失い、悩んでいたときに、自らが引き寄せ、そして自分を必要としてくれたテレビ番組。覚悟のうえのナルシスト・キャラに起死回生の出演オファーが殺到した。嬉しさから番組側の期待に応えたいという欲求は、少なからずあったはずだ。しかし彼女は、周りに踊らされず、常に自分で考えることをやめていなかった。

何より自分がモーニング娘。であることへの強い自覚が、彼女を常に原点へと立ち戻らせていた。何があってもファンからは愛されている、理解してもらえているという強い自信が、世間からの強烈な批判に立ち向かう勇気になっていた。ラジオ「今夜も♥うさちゃんピース」は、いつでも道重が道重のままでいられる拠り所となっていた。

道重さゆみの「シン」

「(私は)シンはすごくイイ人なんですけど、覆い被さってるものが黒くて(笑)。けど、よく見せたいから、その上にもう一枚薄っぺらい〝イイ人〟が被さってるんで、最初はよく見えるんです。でも、しゃべっていくとドンドン黒いものが見えてきて。本当にわかってくれる人は、ちゃんとシンまで見えるんですけどね(笑)。シンは真っ白なんですよ。真っ白↓真っ黒↓薄っぺらい白なんですよ!」(『フォトテクニックデジタル』2009年5月号、玄光社)。

道重さゆみの言語感覚は独特である。語彙は多くはないものの、言い得て妙な切り口から、ずばりと物事の核心を突いてくる。彼女のファンになる人は、誰しもが彼女の言うこの「シン」の部分を愛している。しかし、ちょっとテレビに出たくらいでは、人はそこに気づかない。よほど彼女に興味を惹かれないかぎりは、普通はそこまで深く見ようとはしないのだ。

彼女は自分の黒い部分に面白さを発見し、これをテレビでさらけ出した。「ナルシスト・キャラ」も、自分の一部だと認めている。しかし、彼女のその奥にある「シン」の部分には、いつも弱い人の立場に立ち、自分に厳しく、常に自己の成長を促すことを正義とする道重さゆみの姿があるのだ。ファンの心をとらえる彼女の人としての気高さは、自分の「シン」を他人に「わかってほしい」などと甘えないところにある。中傷さえも自分の一部と受け止める潔さ。そこを笑いに変える度胸、地道に続ける誠実さ、そして自分を見失わない強さ。これこそがファンの目に映っていた道重さゆみの「シン」の姿であった。

しかしながら、この当時、彼女が出演した番組は、彼女の吐く「毒」のインパクトに重点を置いた番組が多かった。当然のごとく、彼女への批判、反感は、テレビ出演が増えるほどに大きなものになっていった。

念願のブログ開設とファンの心を震わせた涙の謝罪

2010年2月9日、道重さゆみは待望のブログをスタートする。

バラエティー番組ではおおよそアイドルらしからぬ要求も受けざるをえなくなっていた。罰ゲームでローションをかぶったり、着ぐるみを着せられたり、それでもなお道重へのバッシングは止まなかった。今どんな思いで仕事をしているのか、道重はファンに自分の本心を伝えたかった。もちろん、ラジオはその大切な場所となっていたが、そのときに感じたリアルな思いを、そのときに伝えられるツールの必要性を彼女は強く感じていた。彼女が2年近くも開設を懇願していたのが、個人ブログであった。

当時は、世の中にブログが登場して数年しか経っていなかったが、芸能人のブログは活況を見せ始めていた。中川翔子のように1億ヒットを超えるブログで人気を得る芸能人もすでに現れていたものの、ハロー！プロジェクトにブログを開設した現役メンバーはそれまで一人もいなかった。

道重の思いが通じてか、ブログの開設がかなった初日、彼女のブログのアクセス数は22万7000を超え、GREEのアクセス数ランキングでいきなりトップを飾る。実際、彼女は自分でもブログを見るのが好きで、自身が敬愛してやまない小倉優子、モーニング娘。OBの矢口真理、その他、素人のブログなども読み漁ることを日課にしていた。そのせいもあって、ファンはどんな記事を欲しているのか、自然とファンの視点で考えることができていたのだ。

しかし、ブログのコメント欄には心ない誹謗中傷の書き込みが止むことはなかった。芸能人とはいえ、まだ20歳。さぞかしひどい書き込みに心が痛んだに違いない。もちろん、ファンからの温かい声援がそれを大きく上回っていたが、彼女は現実を素直に受け入れようと、これら全てに目を通していた。

道重は一日に6回、多いときには10回以上もブログを更新した。最初は願いがかなった嬉しさもあって、コメントの反応も楽しかったからかもしれない。4月になると、道重のブログの成功によって、他のメンバーも次々とブログを始める。なかでも同期の田中れいなは、アメブロ（アメーバブログ）ですぐにアクセス数1位を獲得する。これに刺激を受けた道重は、田中へのライバル意識も混じって、執拗にブログ1位にこだわり、時間を費やすようになった。

間近でその様子を見ていた同期の亀井は、最初は仕事だからと理解を示していたが、自分の話にもろくに耳を貸さなくなるほどブログ一辺倒になった道重に、さすがに堪忍袋の緒が切れる。

「さゆがブログを始めたのは、自分の思いを自分の言葉で発信したいからでしょ？ランキングのためにやるのは違うんじゃない？ さゆのことが好きで見てる人は、ランキングが下がったとしても見るよ」（道重さゆみパーソナルブック『Sayu』）

亀井の言葉で我に返った道重は、一番向かい合うべき目の前にいるメンバーやファンの大切さを改めて痛感する。道重はその後、「今夜も♥うさちゃんピース」のなかで、この一連のエピソードや、田中への嫉妬を含む自分の嫌な部分について全てファンの前にさらけ出した。このなかで、道重はみんなもそれぞれ頑張っているのに、自分だけがバラエティー番組で頑張っていると思い込んでいた、とメンバーに懺悔している。

身体を張った道重のテレビ出演は、当時のモーニング娘。の唯一と言ってよいテレビ露出でもあったし、そうすることによって、自分もモーニング娘。の役に立っているという自負があった。ところが、そうすることで、自分はどんどん嫌われていってしまう。この苦悩は、メンバーにも伝わっているはずだ。メンバーはもっと自分に感謝してほしい。そういう気持ちがわき上がってきても不思議ではない。この頃の彼女はそれほど身を削っていた。しかし、自分の感情の中にある奢りに気づき、道重は泣きながら謝罪した。その彼女の気持ちに多くのファンが涙することとなった。

道重ほど、ファンに対して内面をさらけ出すことのできるアイドルはいない。しかし、彼女はきっと「自分のファンだからこそ、さらけ出せるんです」と言うだろう。彼女は彼女のファンを完全に信頼している。彼女のいう彼女の黒い部分と彼女のいう「シン」の部分との葛藤は、当然誰の内面にもある。だからこそファンの誰もが彼女の一言一句に共感し、気がつけばもう引き返せないほど引き込まれてしまうのだ。

Column

つんく♂あってこそのモーニング娘。

つんく♂は自身のブログで、「シャ乱Qで培ってきたいろんな経験を彼女達に口伝していく方式で、ここまでやって来ました。確かに昨日まで素人だった彼女達にモノを教える時にイラ～っと来ることもありますが、それでも僕の 24 時間では奏できれない何かを彼女達が分身となってパフォーマンスしてくれている」と語っている。

つんく♂が作るモーニング娘。の楽曲は、他のアイドルの楽曲たちとは明らかに一線を画すユニークなものだ。

彼の音楽を初めて聴くと、複雑なリズム進行や奇怪なサビが耳慣れず、とまどうことがあるかもしれない。カラオケでは歌いづらい高音域やカノン（Canon：音楽用語で、複数の声唱部が、同じ旋律を異なる時点からそれぞれ開始して演奏する様式）も多用する。しかし、一度聴けば耳に残り、いつの間にか癖になる。そんな計算がほどこされている。

自分が今作りたい音楽を作っているといった印象の強い彼だが、音作りの技量、経験、さらには作詞の分野ともに、今や世界最強の音楽プロデューサーの一人である。彼の才能あってこそのモーニング娘。である。我々ファンは、彼の完全カムバックを心から待ち望んでいる。

第9章　プラチナ期の終焉
～躍動する道重さゆみ～

プラチナ期の一翼を担ったメンバーたちの卒業

２０１０年3月、モーニング娘。10枚目のアルバム「⑩ＭＹＭＥ」が発売される。ここに収録されている名曲「涙ッチ」はプラチナ期のライブになくてはならない定番曲となった。また、前作に収録されていた「雨の降らない星では愛せないだろう？」は中国語ヴァージョンとしてリメイクされ、ジュンジュン、リンリンが中国語で歌い上げるパートが追加され、よりメッセージ性の高い楽曲となっていた。

また、前年のロサンゼルスに続き、パリでの公演を敢行。Ｙｏｕｔｕｂｅの普及によって、モーニング娘。は世界中に熱烈なファンを持つ世界的なグループと化していた。皮肉なことに、マスメディアに冷遇される日本では、その偉業が伝えられることはなかった。

その年の8月8日。亀井絵里、ジュンジュン、リンリンの3名が同年秋開催のコンサートツアー最終日をもって、モーニング娘。及びハロー！プロジェクトから卒業することが発表される。亀井は、持病のアトピー性皮膚炎治療に専念、ジュンジュンとリンリンは留学期間終了との説明だった。無念の卒業と本人達が望んでいない卒業。彼女たちには、もう二度と会えないかもしれないといった思いにファンは言葉を失った。

同時に「モーニング娘。9期メンバーオーディション」の募集が告知されたが、史上最高との評価が高いプラチナ期を作り上げた8人のモーニング娘。の突然の終了予告に、会場は途方に暮れる者で溢れた。

2010年12月15日、「モーニング娘。コンサートツアー2010秋 ~ライバルサバイバル~亀井絵里・ジュンジュン・リンリン卒業スペシャル」。会場は横浜アリーナ。亀井絵里、ジュンジュン、リンリン3名の卒業コンサートが行われた。これは後に伝説とまで語られることになる「プラチナ期」終了の日でもあった。

「モーニング娘。」は、常に「過去のモーニング娘。」と比較される。高橋愛、新垣里沙、亀井絵里、道重さゆみ、田中れいな、光井愛佳、ジュンジュン、リンリンの

8名もまた、過去のモーニング娘。と戦い、そのプレッシャーのなかでパフォーマンスに集中して研鑽を積み、気がつけば、アイドル史上最高のパフォーマンス・ユニットと称されるようになった。プロデューサーつんく♂の目指した最高峰のカタチが花開く。1万人の聴衆はこのラスト・ライブに感嘆と衝撃を受けながら、終演後にはなんとも言いがたい喪失感に沈んだ。

道重にとって、同期メンバーであり、親友でもあった亀井の卒業は、特に一大事であった。加入以来、亀井にべったりだった道重は、これまでどんな相談も亀井にしてきたし、亀井は道重の良き理解者であった。親友としてはこれからも続くとしても、もう仕事仲間ではなくなる。もう同じビジョンを共有できなくなるだろう。亀井が卒業することで、道重も亀井も次のステージに上らなければならない。

後から考えれば、今に続く次代のモーニング娘。へと更新するには、必要な3人の卒業でもあった。彼女らの卒業を機に、ぞくぞくと新メンバーが追加され、そして次々にプラチナメンバーは卒業していくことになる。9期以降のメンバーが目指す新しいモーニング娘。のカタチは、明らかにプラチナ期の遺伝子を取り込んでいる。亀井は、自分もモーニング娘。も次のステージにいかなくてはいけないことを身を持って示したのかもしれない。

2011年、1月2日。私がオフィスでモーニング娘。を発見したその日。8期加入以来、増員がなかったモーニング娘。に新メンバーが加入した。9期メンバーは、譜久村聖、生田衣梨奈、鞘師里保、鈴木香音の4名。

そして、この数日後、5期メンバーでプラチナ期の柱であった高橋愛が、同年秋に開催されるモーニング娘。全国ツアーをもって、モーニング娘。およびハロー！プロジェクトから卒業することを発表する。

新メンバー加入に加えて、プラチナ期の支柱、高橋が卒業するとあって、約3年半ぶりにモーニング娘。の陣容が大きく変わることになる。それは道重さゆみの役割が必然的に大きくなることを意味していた。そして、年が離れた後輩が加入したことによって、道重さゆみのモーニング娘。内での輝きが増していくことになる。

マスメディアの方はすでに前年あたりから、AKBグループ一色になっていた。AKB48は「ヘビーローテーション」で全国的にその人気を定着させ、前年末には紅白歌合戦に2年連続で出場を果たし、この年は夏に「フライングゲット」を発売。年末には日本レコード大賞を受賞するという、まさに人気のピークを迎えていた。かつてのモーニング娘。がそうであったように、この年はテレビをつければAKBだらけという一年となっていく。

高まる道重さゆみの役割

一方、2011年のモーニング娘。は、見向きもされなくなったマスメディアに再度注目してもらう難しさを痛感する一年となる。すでに道重は、モーニング娘。だけでなく、ハロー!プロジェクト全体としても数少ない一般認知度の高いメンバーであり、その存在はなくてはならないものとなっていた。

モーニング娘。の宿命でもある新メンバーの加入は、グループの平均年齢を下げることになるが、それを「子ども化」してしまうと言って嫌う層も少なくなかった。このとき、新メンバーの鞘師、鈴木の両名は、まだ小学生。長期育成を念頭に置いた採用であることはわかってはいるものの、せっかく完成した大人のモーニング娘。の終焉を残念に思う気持ちと、いい大人が小学生のいるアイドルグループを好きだと公言できないジレンマを生んだ。

ここ数年のハロー！プロジェクトは、世間から隔絶された世界で、独自の進化を遂げた「ガラパゴス諸島」に例えられる。一般には発見されづらいが、いったん発見してしまえば、独自の進化を遂げたグループの豊かな驚きや楽しみがある。一ファンとして、ハロー！プロジェクトというガラパゴスの楽しさをすでに知っているものから見れば、久々に新メンバーとして迎えた9期への期待感は非常に大きかった。

特に鞘師里保は、あのＰｅｒｆｕｍｅ（パフューム）を世に送り出したアクターズスクール広島の出身者のひとりで、そのなかでも逸材と呼ばれるほど、ダンススキルは即戦力レベルだったし、まだ12歳という年齢からも伸びしろが期待できるメンバーでもあった。

昔から小さくて幼い女の子が大好きな道重は、新メンバーにどんな子が入ってきて欲しいですか？　という質問に「若ければ若いほどいい」という発言をして、笑いをとっていたが、特にこの鞘師里保を「さゆみのなかで、ど・ストライク」と公言してはばからなかった。人見知りでまだ幼い鞘師を、遠慮がちに、そして甘やかす気満々に可愛がる道重の姿は、そのままＤＶＤやＹｏｕｔｕｂｅを通して、ファンに公になっていく。９期加入以降は、こうしたメンバー間の面白い関係性自体がモーニング娘。のコンテンツになっていった。道重さゆみは、その重要なキーパーソンの一人となったのだ。

全国ツアー「モーニング娘。コンサートツアー２０１１春 新創世記 ファンタジーＤＸ～９期メンを迎えて～」。９期のステージデビューは、その発表からわずか２か月後の３月に決定した。モーニング娘。に選ばれたとはいえ、素人同然の新メンバーがツアーのセットリストを全てこなすには、あまりに無茶なスケジュールであった。

しかも4月には9期デビュー曲、モーニング娘。としては45枚目のシングルとなる「まじですかスカ！」の発売も決まっている。9期メンバーは加入した喜びも束の間、厳しいレッスンの日々を送っていた。

プラチナ期でアット・ホームなモーニング娘。が完成していたものの、新メンバーからすれば、プラチナ期の先輩たちは雲の上の存在である。モーニング娘。では、先輩は後輩を指導しなければならない。しかも12歳の素人を2か月後にステージにあげなくてはならなかった。ただ、当時の道重は、自分たちの上にはまだ5期がいて、グループのリーダー役をやらずにすんだし、下には8期の光井愛佳がいて、9期の指導役もやらずにすんだ。道重は「真ん中の立場で、自由に9期を可愛がることができたから、すごくいい立ち位置でした（笑）」（道重さゆみパーソナルブック『Sayu』）と自由に後輩を可愛がっていたことを認めている。

このツアーから、亀井ら3人のプラチナメンバーが抜け、新人が4人入った9人体制。高橋・田中のボーカル・ツートップは以前と変わらないものの、道重はこれまでのように後ろの隅っこのメンバーではなくなっていたのだった。

もはや後列の隅っこではない

プラチナ期のようなメンバーの成熟を経なければ成り立たないハイ・パフォーマンス集団を形成するには、経験差が生じないように新人を入れず、メンバーを固定化して全員同時にスキルの充実を図る必要がある。しかし、次の時代のモーニング娘。をつくる場面では、言うまでもなく、新メンバーの加入と育成が必要になる。新メンバーを入れれば、既存メンバーとのスキル差が大きく生じるために、いったん「後ろの隅っこ」をあてがい、熟練のメンバーを前列に持ってくるポジション移動が必然となる。

玉突きの玉のように前に突き出された格好となったが、道重のグループ内での立ち位置は、9期を迎えたことで明らかに以前とは違ってきた。プラチナ期には前列に出る隙すらなかったものの、そのなかで諦めずにあがいてきた結果、自分でも気づかないうちに、彼女のスキルは確実に進化を遂げていたのだった。

色白でスラッとした体躯、高音でキュートな声、カメラに抜かれる時の一瞬の表情、体力や音程取りには難があるものの、もともとリズム感は良く、何より際立った存在感には独特の華があった。

モーニング娘。にダンスを指導しているYOSHIKOは、後に「メンバーの中で一番熱心なのは道重ですね。常に手を抜かない、もともと真面目だったけど、リーダーになり、さらに責任感が増した。振り入れのときも顔の向きまでオリジナル通りに覚えてくるんです。そんな道重の背中を見て、後輩が刺激を受けないはずがないですよ。もうパーフェクトです」と語っている（『月刊エンタメ』2014年1月号）。

実際、新メンバーを迎えたことで、彼女がもう後列には置けないメンバーになっていることは誰の目にも明らかであった。気がつけば彼女の人気は、メインヴォーカルを担う高橋や田中に迫っていた。この頃から道重は、モーニング娘。のパフォーマンス面、人気面ともに中心メンバーへと変貌していった。

さらに2011年5月8日、9期がデビューしたばかりの全国ツアー、その中野公演にて、早くも「モーニング娘。10期メンバー『元気印』オーディション」の募集が告知される。メンバーのスキル面の調整よりも、新しいことが始まる期待感、ワチャワチャ感を優先したつんく♂の采配は、一種の到達点であったプラチナ期の幻影をさっさと捨て去り、新しいモーニング娘。のカタチを急速に構築しようとしていたのだった。

リーダー高橋愛の卒業、そして新しい時代へ

9月3日から始まった全国秋ツアー「モーニング娘。コンサートツアー2011秋 愛BELIEVE~高橋愛 卒業記念スペシャル~」は、日本武道館での2日間のツアー最終公演が決定。9月29日に10期メンバーの発表、そして翌30日は高橋愛の卒業コンサートとなった。

10期メンバーには、飯窪春菜、石田亜祐美、佐藤優樹、工藤遥の4名が選ばれ、佐藤・

工藤の両名はまたもや小学生だった。ファンとしては、周囲にモーニング娘。ファンを公言できる機会がまたしても遠のいたものの、新メンバーのフレッシュさは、そのままこのグループの本質的な楽しみになっていった。

短期間のうちに新たに加わったメンバーが8人となったところで、モーニング娘。6代目リーダー、高橋愛の卒業を迎えた。言うまでもなく、高橋はプラチナ期創世の核となったメンバーであり、歌やダンスでモーニング娘。を引っ張ってきた功労者である。歴代でも彼女ほどの表現力を兼ね備えたメンバーはいなかった。彼女のパフォーマンスは、とうの昔にアイドルの枠を逸脱しており、もはやアーティストと言った方がふさわしかった。

リーダーとしての資質はともかくとして、何よりアットホームなモーニング娘。を標榜し、現在に繋がるモーニング娘。の理想像を作った功績は大きい。彼女のいないモーニング娘。など、想像すらつかなかったが、この公演でその高橋愛が卒業し、サブリーダーで同期の新垣里沙が7代目リーダーに就任した。

10期の活動は翌2012年からとなったが、楽屋裏での9期と10期がらみの仲良し映像は、ハロー!プロジェクト提供番組であるテレビ東京系「ハロプロTIME!」で毎週のように放映された。9期と10期は中学生が中心で年齢も近く、加入時期も近いために、仲良くなるのに時間はかからなかった。

この頃からモーニング娘。の魅力は、ステージ上だけでなく、ステージ裏で繰り広げられるメンバー同士の関係性の楽しさやそれぞれの個性的な性格の面白さに焦点が移行していった。気がつけば、多くのファンたちは新メンバーラッシュの勢いに押され、つい数か月前に亀井・ジュンジュン・リンリン、そして高橋愛までもを失ったモーニング娘。への憂いは消え去り、メンバーの素顔が癒しとなる新しいモーニング娘。の魅力に取り憑かれていった。

後から考えるに、この怒濤の新メンバー加入戦略よりほかに、モーニング娘。再生の道はなかったのかもしれない。5期や6期、そして8期の光井らに、まだ幼い彼女たちが尊敬と親愛を持って接している様子は、これまでのモーニング娘。にはなかった新しい魅力となった。確かにプラチナ期のメンバー間にも「愛ガキ」（高橋と新垣）、「ガキ亀」（新垣と亀井）、「さゆえり」（道重と亀井）など、メンバー間の関係性を愛でる慣習のようなものが生まれていた。

しかし、この新加入の若いメンバーたちから溢れ出す無邪気さは新鮮だった。彼女らはモーニング娘。となった喜びを隠すことなくはしゃいだ。9期と10期の加入期の違いは、僅かといえども先輩と後輩という関係を生んだ。彼女たちが心から楽しそうにはしゃいでいる様子は、見る者をほっこりさせ多幸感をもたらし、思わず彼女たちの成長をしっかり見守りたいという感情に包まれる。この新しい発見は既存のファンにとっても驚きだったが、なにより女性や中高生のような新しいファン層を引き寄せるきっかけとなった。

道重は自身のラジオで、こうしたまだ若いメンバーの日々の様子を実に楽しそうに紹介していった。彼女の視点で語られる子供らしい純粋さに満ちた9期と10期のエピソードには、後輩たちへの道重の愛情が溢れていた。新メンバーたちのことをラジオで楽しげに語る道重からは、すっかりお姉さんになった姿をかいまみることができた。このように9期や10期が加入することで、新垣や道重らにも先輩やお姉さんとしての新しい魅力が発見されていった。こうした新しいモーニング娘。の楽しさは、ファンならずとも、道重たちにとっても驚きだったように思う。

わき上がる使命感

モーニング娘。がテレビに呼ばれなくなって久しいなか、道重だけは、ひとり気を吐いて、バラエティー番組への出演が続いていた。もはやお笑いタレントから「あいつ（道重さゆみ）の爆発力は凄い。火薬の量がハンパない」とまで評される存在となっていた。

ただ、テレビ出演するたびに、番組の共演者などから「今のモーニング娘。って何人なの？」とか「今のモーニング娘。のリーダーは誰なの？」など、道重にとっては驚くような質問ばかりされて、モーニング娘。があまりに知られていない現状に、ただただ愕然としていた。言うまでもなく、道重が加入した頃のモーニング娘。は、日本中の誰もが知っているトップアイドル集団だった。自分たちは知られていて当たり前、そして、テレビに出るのも当たり前だった。

ところが、今や一般の人たちは、自分たちが何人いるのか、誰がリーダーなのかさえ知らない。道重も含め、メンバーたちはそんな事態になっていることに気づいてはいなかった。メンバーたちは、毎日のようにテレビに出演していた当時と変わらず、毎日仕事に追われていたし、毎年春と秋の全国ツアーは相変わらず、どこの会場もファンで溢れていた。モーニング娘。の世間認知の変化に、メンバー自身が気がつかなくても仕方なかったのかもしれない。

いったんテレビへの露出を失うと、一般の人たちにはモーニング娘。の情報が全く伝わらない。世間の認知度が低いというのは芸能人として死活問題である。しかも露出が減ってから、もう一度露出を増やすことは容易ではない。すでに民放各局はＡＫＢが席巻していた。どこもかしこも勢いに乗ったＡＫＢ一色という状況のなか、あえてモーニング娘。に出演させる番組などほとんどなかった。

しかし、実はこの頃、もうすでにハロー！プロジェクトは、ファンクラブに登録されている既存ファンだけで、ビジネスができる規模を持ってしまっていた。地方でコンサートを行っても、わざわざ遠出してまでファンは足を運んでくれる。事務所は宝塚歌劇団のようなファンクラブを志向し、ファンを抱え込むことで、テレビに頼らないライブ中心のビジネスモデルの構築に成功していたのだ。

高橋中心のハイ・パフォーマンス集団と化したモーニング娘。には、このようなスタイルは合致していたのかもしれない。ビジネス的には狙い通りであったのだろう。しかし、一般の人の多くが、現在の宝塚トップスターを知らないように、モーニング娘。のメンバーもまた、そんな存在になりつつあった。一般的に、モーニング娘。が〝売れていなかった〟とされるのは、この時期のことであり、このような事情を含んでいるのである。ビジネス的には成り立っていたものの、世間からは隔離された世界にいた。実際には売れていなかった時代などなかったのである。

しかし、モーニング娘。を愛してやまない道重には、この状況を放置することはできなかった。度重なるバラエティー番組の出演で、いち早く危機感を感じた道重は、自分のテレビ出演の意味を考え直す。確かに当初は、モーニング娘。内での「自分の居場所」を見つけるためのテレビ出演だった。しかし新メンバー加入以降、自然と「世間の人に、今のモーニング娘。を知ってもらう」ためのテレビ出演という意識に変化していった。9期や10期の世間での知名度はゼロに近い。彼女たちを露出させない限り、モーニング娘。はこれ以上、未来へと続いていかないのだ。

「いきなり！　黄金伝説　芸能人節約バトル」への挑戦

そんな頃、道重にテレビ朝日系「いきなり！　黄金伝説」の「芸能人節約バトル1か月1万円生活」への出演オファーがくる。この番組はその名の通り、出演者が番組から用意された部屋で1か月を過ごし、1万円以内で節約生活をし、他の挑戦者と節約ぶりを競うというものだった。部屋で使用した水道光熱費も1万円から支出せねばならず、年頃の女の子はそれだけで不利、ましてやアイドルが四六時中カメラにさらされながら暮らすというのはかなりの試練だった。しかし、使命感に燃える道重にオファーを断る理由などなかった。

節約バトルの対戦相手は、お笑い芸人・ロバートの秋山竜次。この節約バトルの模様は、2011年11月17日から12月15日までの5週にもわたり、ゴールデンタイムに放送された。アイドル対芸人、女性対男性、カメラに囲まれた生活。どう考えても道重が圧倒的に不利なうえ、彼女は全国ツアー中でもあった。

秋山はボリューム満点の豪快な高カロリー料理に挑み、道重は、節約生活のなかでもアイドルとして恥ずかしくないような可愛い料理にしたいと、彩り用食材としてのにんじん購入を最後まで悩む様子が映し出された。当初の狙いどおり、道重はこの番組のなかで、モーニング娘。の現役メンバーを部屋に招き、無邪気にはしゃぐ様子を披露することに成功している。結果的に道重は、ロバート秋山に37円差で勝利する。

この番組の放映当時、モーニング娘。は舞台「リボーン」の公演を終えたばかりだった。高橋愛が抜けた直後の大事な初舞台。しかし、そこに道重と光井の名前はなかった。光井愛佳は足の怪我を抱え、田中れいなに主役の座を譲っていたが、道重に関しては何のアナウンスもなかった。「道重は一体何をやっているんだ！」といった批判もしばしば聞こえていた。後日、道重がこの番組の長期収録に挑んでいたと知ったファンは、放映を見てさらに驚いた。実はこの番組収録は9月から行われており、6代目リーダー高橋愛のラストツアーと重なっていたのだ。あのハードなツアー中に、しかも高橋愛の卒業というビッグイベントのまっただ中で、この仕事をこなしていた凄さにファンは絶句した。

番組中、彼女は「私が頑張れたのはモーニング娘。だからこそだし、モーニング娘。のメンバーがいて、支えてくれるファンの皆さんとかがいるからっていうのを凄く感じました」と、番組挑戦の動機が「今のモーニング娘。を知ってもらいたい」という切実な思いからであったことを告白する。モーニング娘。としてのプライド、そしてモーニング娘。への献身的な愛。彼女はこの2つを拠り所として過酷な番組をやり通した。彼女の流した涙に心を打たれたのは、決してファンばかりではない。この番組は、これまで彼女に批判的だった一般層までもが、道重さゆみという人物をもっときちんと見てみたいという思いを抱くきっかけとなったのだ。

この半年後の2012年5月、新垣里沙、光井愛佳の卒業コンサートが行われる。同時に「モーニング娘。11期メンバー『スッピン歌姫』オーディション」の募集が告知された。新垣の卒業は予定されていたものであったが、光井は足のけがが長引いてしまったことが理由で、新垣の卒業公演の数週間前に急遽決定された。言うまでもなく、この2人もまたプラチナ期を脇から支えた功労者であった。特に新垣は、道重にとって最後の先輩であったし、信頼もおいていたメンバーだ。

新垣の卒業によって、とうとう道重と田中がグループ内で一番上となってしまう。加入当初、12人いた先輩らが全て抜け、10年の歳月を経て6期が率いるモーニング娘。の時代に突入する。

第10章　モーニング娘。第8代目リーダー、道重さゆみ誕生

道重さゆみに渡されたリーダーのバトン

デビュー時の道重さゆみしか知らないものにとっては、なにかの冗談だと思われるだろう。先生に返事もできないほど幼かったあの少女は、あの頃からは想像できないくらいに人として大きく成長していた。本人としては昔からことあるごとに「いつかモーニング娘。のリーダーになりたい」との発言を重ねていたが、それはどちらかと言えば、その場の笑いを取るナルシストネタとして扱われていた。

そうした発言をそのままネタとして受けとってしまう人たちのなかには、田中れいなを新リーダーに推す向きもあった。実際、田中は厳しく後輩を指導する機会が増え、ブログでも「(後輩たちに対し)やる気はあるのか。どんな気持ちで何を考えながら稽古にのぞんでいるのか。とか……なんかたくさん話して、たくさん怒った気がする」と、その思いを吐露している。彼女にリーダーとしての自覚が芽生えたと受け止めるファンも多かった。

一方、道重といえば、久住小春の教育係の頃から、後輩を叱れない先輩というイメージが定着していたし、事実、そうだった。鞘師を特別に可愛がるというネタにしても、リーダーとなればエコヒイキになると捉えるものもいた。そもそも歌やダンスを教えられるスキルについて、本人にも自信がなく、田中に比べられると不利であった。しかし、彼女をよく見ているファンには、後輩に目配りがきき、世間のなかでのモーニング娘。の現実をよく知る道重がリーダーになるメリットを公言するものも多くいた。

道重をリーダーにしたつんく♂は後日、明石家さんまのラジオ番組「MBSヤングタウン土曜日」の中で「(リーダーの)絶対条件とかはないんじゃないですかね。でも、リーダーという看板が付いたほうが魅力の上がる子をやっぱリーダーにしてもらうんですよ。リーダーというまたキャラクターが1コ加わるわけでしょ。だから、中澤とかが何もなしでただ一番年長さんをずっと演じてるだけで、もしあのときに安倍がリーダーやったら、たぶんモーニング娘。面白くないような気がするんですよね。

田中と同期で2人おるけど、田中がリーダーするより道重がリーダーしたほうが絶対、グループがバランス取れるんですよ」と語っている。

2012年5月18日、新垣里沙の卒業と同時に、道重さゆみはモーニング娘。8代目リーダーを受け継ぐ。夢が叶ったものの、その責任の重大さに、彼女は今までにない大きなプレッシャーと闘っていた。

発表直後、リーダーとしてのコメントを求められた道重は「ファンの人に何て言われるんだろうと思って（心配でした）。なんか、れいながいいって言われるのかなあって。っていうか、絶対そう思ってる人はいるだろうから、だからちょっと心配だったんですけど、そんな思ってる人が、（さゆみで）よかったと思ってもらえるような人になりたいです」と半分泣きながら、そして半分照れながら語った。そして、リーダー発表時にファンが温かく拍手で歓迎してくれたことに「そう、なんか凄い嬉しかった。あの時点でちょっと私、泣きそうになりました。みんな温かかったです、ほんとに。嬉しかった。歌えないリーダーでもいいですか？」と最後は申し訳なさそうに語っている（モーニング娘。ＤＶＤ ＭＡＧＡＺＩＮＥ Ｖｏｌ．47より）。

彼女の自信のなさはいつしか謙虚さとなって、嫌われることを恐れずにテレビに出演する勇気はいつしか覚悟となっていた。モーニング娘。がただただ好きだった少女は、いつのまにかモーニング娘。に、理想の品格を吹き込むリーダーとなっていた。彼女の人柄はそのまま写し鏡となって、モーニング娘。に宿っていく。彼女はすでに若いメンバーたちの憧れとなっていたのだ。

新垣、光井が卒業した1週間後の5月26日、モーニング娘。は「Ｇｉｒｌｓ Ａｗａｒｄ ２０１２」に出演。そこで、7月4日発売となる道重さゆみがリーダーとなって初めての新曲「Ｏｎｅ・Ｔｗｏ・Ｔｈｒｅｅ」が初披露される。道重体制になって初めて新曲を披露する場所は、モーニング娘。のファンの前ではなく、この日、東京・渋谷の国立代々木競技場第1体育館で行われるファッションショーを見に来た約3万１０００人の若い女性たちの前だった。

今ではお馴染みとなったＥＤＭ（Ｅｌｅｃｔｒｏｎｉｃ Ｄａｎｃｅ Ｍｕｓｉｃ）

路線、その出発点となったこの楽曲は、イントロのフェイクから、クラブシーンを彷彿とさせる新しい格好良さで、会場中のどよめきを誘った。ガラパゴスのなかで、研鑽を積んできたモーニング娘。に、つんく♂渾身の前衛的なＥＤＭ。このときのモーニング娘。の鮮烈な印象は忘れられない。この新曲披露の模様は、Ｙｏｕｔｕｂｅでも配信され、この動画を見てファンになったという新しいファン層は多い。その多くが初期のモーニング娘。を知らない若い世代であった。

道重さゆみが初めてメンバーを叱った日

モーニング娘。誕生15周年。シングルも記念すべき50枚目。生来の生真面目さを持つ道重は、様々な取材に15年続くグループのリーダーとしてインタビューに応えなければならず、周囲から、急に真面目になったなどと言われ始めて困惑していた。8代目リーダーとして、自分より以前の7人のリーダーを手本としながらも、自分はどうあるべきかに悩んでいた。

そんな渦中の2012年7月7日。翌日に道重体制初のシングルとなる「One・Two・Three／The 摩天楼ショー」の発売を控え、モーニング娘。はラゾーナ川崎で発売イベントを開催していた。この日、道重は初めて後輩を叱ることになる。

この日は七夕ということで、MCコーナーで「七夕でお願いするなら何?」というテーマで、メンバーたちが順番に話す流れが用意されていた。しかし、満場の会場に向けて9期と10期の回答がカブりまくり、焦った彼女は、そういえば本番前に「何、話そうかな?」と言っていたメンバーがいたことを思い出した。このイベントの後、彼女は初めて後輩を叱る。

「ええ。それで初めてその日、メンバーに怒ったというか注意しました。『台本いつもらったの?』『もっと前もって考えた方がいいでしょ』って。もちろん、その場で思いついたことが面白い場合もあるけれど、まだみんなはそこまでいってないから。『どうにかなるだろ』くらいの感覚でステージに立っていることがすごく嫌でしたね。れいなは10年やってるからできるんですよ。れいなのキャラもあるし、こう言ったら会場が盛り上がるし、ファンの人も嬉しいし、れいなのこともよくわかってもらえるっていうのが全部わかっているから。そういうメンバーだったらいいけど、何の準備もなしに5人くらいが同じことを言っていたから『ちょっとそれはないんじゃないの？』って思いました。だって、もっと一人ひとりのいいところがあるはずなのに……。なんかさゆみが悔しくなっちゃって。ちょっと工夫するだけでその子のいいところが見えるのに、もったいないですよ。あれだけ大きな場所で、打ち合わせもしてもらっていて、一般の人もたくさん観てくれているのに。それで初めて真剣にお話ししました」（「Ｔｏｐ Ｙｅｌｌ」２０１2年9月号　竹書房）

歌で目立つことができないために、バラエティー番組では事前にとことん考え、万全の準備をしてから本番に臨む彼女としては、9期・10期の本番への甘さを正さずにはいられなかった。言うまでもなく、彼女が叱ったのは、仕事に臨む意識の低さ、準備不足である。加えて台本の用意や事前の打ち合わせなど、周囲のスタッフのサポートに対する非礼である。彼女が初めて後輩を叱ったこのエピソードは、彼女のプロ意識の高さとリーダーとしての責任感の表れであった。いつもは優しい「道重さん」が初めて怒ったことに、9期・10期もかなり驚いたはずだ。

部下はもちろん、自分の子どもですら叱れない人が増えてきている。わかっていて叱らないのは、相手の成長を阻害するばかりではなく、自分の成長も阻んでいる。言ってしまうと嫌われるかもしれない。逆切れされるかもしれない。その恐れに立ち向かう勇気が出ない。実際、本人は、そのこともよくわかっているために、叱れない自分に落ち込んだり、開き直ったりする。

道重もこの瞬間までは、そういう自分を嫌悪していたのだろう。彼女が加入したばかりの頃のモーニング娘。はガチガチの体育会系で、上下関係は厳しく、怖い先輩にいっぱい叱られたが、今になってそのありがたさが痛いほどわかる。それがわかっていながら、やっぱり後輩とは仲良くしたい。その葛藤のなかにいた彼女の何かが、このとき突き抜けたのだ。

後日、田中れいなは「そういえば、この前、さゆが9期・10期を怒ったんですよ。

あんなに真剣な表情のさゆ、10年間で初めて見た。怒った内容はMCに関してだったんですけど、それはれいなが気づかないポイントだったんですね。歌とかダンスだったられいなも気づいてたと思うけど、やっぱりさゆはテレビとかで鍛えられてるから。だから6期の2人はなんだかんだで先輩としていいバランスなのかもって思ったんですよね」と、道重への敬愛を込めてインタビューで応えている（『Top Yell』2012年9月号）。

そして、その翌日の7月8日。彼女たちは連日の新曲リリースイベントで池袋に来ていた。前日に後輩を叱ってしまって、気まずい空気の楽屋で、田中は「さゆの怒るとこ初めて見た！」と、道重の怒ったときの顔のモノマネをするなどして、楽屋裏の空気を和らげていた。

当日のステージでは9期と10期のコント対決が用意されており、4人ずつの自作コントを披露することになっていた。前日とは打って変わり、9期と10期はよく準備してきていた。9期は鈴木香音がシナリオを担当し、10期は飯窪春菜が母親に手伝ってもらったという周到な台本を用意していた。そしてその日の早朝から、9期、10期それぞれが綿密な練習をして本番を迎え、観客から見事に笑いをとった。結局、2回のコント対決は、2回とも10期の勝ちと判定されたが、2回目の負けの後、9期の生田衣梨奈は悔しさのあまり泣きだしてしまう。それほどの力の入れようだった。

このとき、前日の事情を何も知らないファンは、生田がなぜあんなに泣いたのか、よくわかっていなかった。後日、道重の語るラジオや雑誌などから、ようやくファンもこのとき生田が流した涙の理由を知ることとなる。このように、メンバーのちょっとしたエピソードをたくさん公開しようというのが、道重さゆみのやり方だった。虚勢を張ることなく、むしろ恥ずかしい失敗ほど彼女は友人に打ち明けるようにファンへ告白した。その長い積み重ねのなかで、彼女はいつもファンそれぞれの胸中とシンクロしていたのだった。

心に響いた先輩の言葉「しげちゃんはしげちゃんらしく」

この日のイベントでの楽曲披露の後、モーニング娘。初代リーダー中澤裕子がゲストとして現れる。中澤は道重が加入した頃にはすでに卒業していたメンバーだったが、テレビ番組「ハロモニ。」のなかで長年共演し、道重を「しげちゃん」と呼んで可愛がっていた先輩だ。彼女は道重の心中を見抜くかのように「過去のリーダーたちの真似をしなくていいから、しげちゃんはしげちゃんらしく頑張って！　このプレッシャーに勝ってね！」と励ましたとたん、道重は思わずステージ上で泣きだしてしまう。

この日の彼女は前日に後輩を叱ってしまったことによる動揺から抜けきれていなかった。もっと違う注意の仕方はなかったか、後輩たちは逆にショックを受けてしまったのではないのか、精神的に不安定な状態でイベントに臨んでいたが、この日の後輩たちを見て、彼女たちが十分に理解してくれていることがわかって安堵したに違いない。

本当に自分がリーダーでいいのだろうか？　事あるごとに、リーダーになった者にしかわからない重圧がかかる。15年続くグループの責任を背負い、前任者である7人に近づくことができるのか、一体どう振る舞うことが正解なのか、実際は不安だらけだった。リーダー就任以来、ずっと一人で不安を抱えていた彼女は、この日の中澤の一言で、10年前のしげちゃんに戻った。常に気を張らねばならないリーダーになった道重でも、先輩の前ではいつでも後輩に戻れるのだ。

２０１２年９月14日、モーニング娘。第11期メンバーとして、小田さくらが加入。彼女もまた次代のモーニング娘。のカギを握る存在となった。正式な活動は２０１３年からとアナウンスされたが、デビュー前から彼女の歌唱力には定評があった。

歴代のモーニング娘。を世代で大雑把に分類すると、１期～４期（黄金期）、５期～８期（プラチナ期）と４つの期で一つの世代を形成してきたといえる。であるならば、９期～12期はプラチナ期に次ぐ次世代のモーニング娘。を作るメンバーたちとなる。

さらには、麻雀でいうスジのように、1期―5期―9期は各世代の始まりの期、モーニング娘。の核を作る期となる。中澤、安倍、飯田、高橋、新垣、譜久村、鞘師などがこれにあたり、歴代リーダーの半数はこれらの期から生まれている。一方、2期―6期―10期は世代を次に繋いでいく期と言える。矢口、道重、田中、石田、工藤らがそれにあたる。3期―7期―11期は、どの期もひとり加入（後藤真希、久住小春、小田さくら）で、しかもその世代のエースを嘱望された期であった。4期―8期―12期には、それぞれ、その世代に足りない人的要素を補完するという期だと考えることができる。辻、加護、ジュンジュン、リンリン、尾形、野中らが特徴的だ。このパターンから照らしてみても、11期小田さくらは加入時からすでにエースを期待されたメンバーであることがわかる。そして、道重さゆみは6期、新しい世代に魂を継承する役割と考えるなら、彼女はその通りのモーニング娘。となった。

アイドルグループがたどり着けない地平を目指して

翌2013年1月、「Ｈｅｌｐ ｍｅ！」リリース。この楽曲から小田さくらが加わり、この曲から5作連続オリコン1位を獲得することに成功する。この頃のモーニング娘。の楽曲は、「フォーメーションダンス」に話題が集中していた。「フォーメーションダンス」では、個々の振り付けを覚えるだけでなく、立ち位置の移動が激しい。これを歌いながら行わなければならない。そのため、気を抜けばメンバー同士の衝突を招き、大事故になってしまう。

モーニング娘。のメンバーたちは新曲をもらうと、まずは振り付けがついたビデオを連続１００回見て、振り入れは各自が自主練で全体練習までに完璧にしておく。仮歌のＣＤは、少なくとも２００回は聴いて細かいニュアンスまで確認する。ただし、そこまでしてもソロパートがもらえるかどうかはわからない。

全体練習は、移動時や立ち位置などのダンスの細かい確認や修正に時間をかけ、２～３日で完璧にする。その際、ダンス中のポジション移動で先輩にけがをさせたら、もう自分の居場所がなくなるほど居づらくなる。そんな緊張感のなかで行われている。

自らハロー！プロジェクト・ファンを公言する振付師の竹中夏海は、フジテレビ「笑っていいとも！」出演の際に、「今のモーニング娘。独特のフォーメーションダンスは、マスゲーム的で全国大会クラスのバトン部等の動きに近いのですが、これで歌って踊る、というのはどこもやってない。世界で今このバランスでやっているのはモーニング娘。『しか』いないんです。できないんです」と語っている。

その通り、このような速いBPM（beat per minute：テンポ）の楽曲に乗って激しく踊りながら、生歌で歌えるグループなど世界中探してもないだろう。黄金期を経て、プラチナ期を継承したモーニング娘。は、パフォーマンスで負けたりしない。若いメンバーも含め、全員がそんな気概を引き継いだグループになっていた。

そんななか、とうとう道重の最後の同期も卒業を迎える。同年5月21日、「モーニング娘。コンサートツアー2013春 ミチシゲ☆イレブンSOUL～田中れいな卒業記念スペシャル〜」、日本武道館にて、プラチナ期のもう一人の立役者、田中れいなの卒業公演が行われることが発表された。

プラチナ期には高橋愛とツートップでメインヴォーカルを担い、二次元からそのまま飛び出してきたかのようなザ☆アイドル「田中れいな」。繊細で脆いくせに、純粋で真っ直ぐという自身の性格を、彼女はヤンキーキャラという被り物を被って、アイドルを全うした。道重と同期でありながら、道重と亀井があまりに仲が良かったため、自ら「一匹狼」を装い、長きにわたって孤高の歌姫を気取ってきた。彼女のファンはそれをよく理解したうえで、彼女のその「被り物」をイジることで、彼女本来の純真さに触れていた。しかし、この頃の田中は、彼女に憧れた後輩がたくさん加入して、彼女自身が本来持っていた優しさや母性を無理して隠す必要がなくなっていた。

そんな田中の卒業で、道重さゆみには同期も先輩もいなくなり、とうとうモーニング娘。で一番上の存在となった。

全ては「モーニング娘。」のために

道重はこれで、モーニング娘。に加入して以来、12人の先輩と3人の同期、そして4人の後輩の卒業を見送った。そして彼女の下に残るのは年齢もキャリアもあまりに離れた後輩たち。自分がこれから何をしなくてはならないのか、誰に言われずとも明快だった。彼女はこれまでの自分を捨てる。

「『自分が、自分がという部分はきっぱり捨てて、他のメンバーのことを第一に考える』という結論に至りました。まず、TV出演やライブ、イベント、多くの方に見ていただくチャンスは、一つ一つを大切にしました。そこで若いメンバーそれぞれの良いところをみつけ、アピールできるよう、印象に残るようにと心がけました。確かに自分自身はキャラとして道重らしくなくなったかもしれないけれど、道重らしくなんかしていたらリーダーなんてできない。そう確信してからはリーダーとしての道重さゆみに徹しようと切り替えました」（道重さゆみパーソナルブック『Say u』)。

モーニング娘。がもう一度、日本のトップアイドルに返り咲くためには、この後輩たちをなんとしても世間にアピールしなければならない。悲痛な決意だった。

自分にはもう時間がない。彼女は今こそ、モーニング娘。への「恩返し」をする時期だと悟っていた。自分が卒業するまでに彼女たちに自分が教えられるものは全部教えたい、そしてできれば、もう一度、モーニング娘。をスターダムに押し上げたい。加入からこれまで、良い時も悪い時も、多様なカタチのモーニング娘。を知るのは唯一自分のみ。気がつけば、道重さゆみはモーニング娘。の歴史上、極めて特異で重要なポジションメンバーとなっていた。

2013年10月、モーニング娘。在籍日数3920日。道重さゆみは、新垣里沙の持つ在籍記録を塗り替え、歴代最長となる。何もできなかった少女は、10年経って、文字通り、モーニング娘。を背負うリーダーとなった。この年からモーニング娘。は、モーニング娘。'14となった。

そして、道重自らの卒業時期はもはやタイミング次第となった。

２０１３年11月、日本武道館で全国秋ツアー「モーニング娘。コンサートツアー２０１３秋 ～ＣＨＡＮＣＥ！～」で14都市31公演のラストを飾ったとき、道重はそのＭＣで、「私にとって先輩も同期もいないツアーは初めてでした。正直、大丈夫かなって思いました……でも大丈夫でした。何故だと思いますか？」と観客に問いかけ、一拍おいた後、「それは……後輩たちが頼もしくなっていたからです」と晴れやかに宣言し、会場のファンやメンバーたちを号泣させた。それは、今思えば自らの卒業発表のつもりだったのかもしれない。

翌年２０１４年４月29日、道重の地元山口県で行われた「モーニング娘。'14コンサートツアー春 ～エヴォリューション～」全国ツアーで、彼女は秋での卒業を正式に発表した。

第11章　モーニング娘。を全うした少女
～道重さゆみが輝いた理由～

道重の卒業が決まってからは、まさに愛する人の余命が宣告されたかのように、ファンの誰もが道重さゆみのいるモーニング娘。を脊髄レベルで記憶に留めたがった。私の営むＢＡＲでも道重の卒業を惜しむファンたちが連日押し寄せ、いかに彼女が素晴らしいかを競うように語りあっていた。国内ファンだけでなく、急遽コンサートツアーへ参加を決めたアジアや欧米からの熱狂的なファンや、20時間以上のフライトをかけて南米諸国から駆けつけたファンたちが、日本のファンと「Ｓａｙｕ」について語りたがった。彼女はもはや神格化されつつあった。

モーニング娘。とは何か?

もし仮に、モーニング娘。が歌とダンスだけで魅せるパフォーマンスグループだとしたら、道重さゆみは、選ばれていなかったはずだ。それとも彼女自身が言うように「可愛かった」から選ばれたのだろうか?

言うまでもないが、モーニング娘。は、アイドルユニットである。現代のようにアイドルの定義が多様化するなかで、彼女たちは一貫して自らをそう名乗る。モーニング娘。は誇りを持って、自分たち固有のアイドルの定義を高めようとしているように思える。

モーニング娘。のメンバーは、可愛いらしい顔立ちにスタイルのよさといったビジュアル面、歌やダンスというパフォーマンス・スキル、これに個性的なトークといったバラエティースキルまで要求される。しかし、初めからこれら全てが揃ったスーパー少女などモーニング娘。にはいない。ある者はいくつかが揃い、そしていくつかが欠けることで、そのメンバー固有の長所とコンプレックスが生まれ、努力と成長のその先に、でこぼこの個性がさらに際立つようになる。時間をかけて、それぞれのメンバーが、唯一無二のモーニング娘。となってゆくのだ。

今やアイドルに歌唱力は必要ないという悲しい意見が多数派を占めるとも言われている。今時ならば、ちょっと顔が可愛くて、握手対応さえ良ければ人気が出るのかもしれない。それでも、モーニング娘。メンバーが日々努力していることは、パフォーマンスを磨くことである。ファンに楽しんでもらう手段として、彼女らがそう一途に信じることができるのは、これまで先輩たちが積み上げてきた歴史にある。このような伝統を育んできたファンとの約束でもある。彼女らのたゆまぬ研鑽こそが多くのファンを惹きつけ、彼女らを応援させる理由になっている。

モーニング娘。が一般的なアイドル像と一線を画す点があるとするなら、今とは違う「過去のモーニング娘。」の存在であろう。現メンバーにとっても強い憧れと尊敬の対象であるからこそ、彼女らもまた先輩らと同じ「モーニング娘。」の称号を受けたプライドと責任を負っているのだ。「今のモーニング娘。」にとって、常に「過去のモーニング娘。」はライバルであり、越えるべき壁として立ちはだかっている。〝時空の果て〟の理想だからこそ、彼女らはどこまでも走り続けられる。いつの時代もモーニング娘。は絶対にパフォーマンスで負けられないのだ。

しかし、モーニング娘。に加入する年齢は10代前半が主流であり、その年代ですでにパフォーマンス面で頭角を表している少女は希有である。そもそも有能なメンバーばかりで構成してしまっては、「メンバーの成長」というエンターテイメント性が損なわれる可能性すらある。できない少女が必死にもがきあがきながらも研鑽を積み、プロフェッショナルとなるストーリーが必要なのだ。

道重さゆみの遺伝子

道重さゆみはまさにこのストーリー上で成功したメンバーである。無垢で人見知りだった少女が、モーニング娘。史上最強とまで呼ばれるリーダーとなる。その長尺のストーリーを彼女はガラス張りにして見せてくれた。テレビのバラエティー番組での「毒舌キャラ」はともかく、彼女はいつも偽りのない姿でファンの前に立ち、幼さからくる失敗も包み隠さず披露し、嬉しかったことを素直に喜び、そして自分の不甲斐なさや愚かさを嘆いて泣いた。そしてそこから学び、成長してゆく姿を12年という長期にわたり、私たちに見せてくれていたのだ。そのときどきのありのままの彼女の言葉に、ファンは自らの経験を重ねて共感してきた。そして、最初は彼女を見守る立場だったファンは、いつしか彼女を尊敬の対象として見るまでになった。彼女にとって最高峰のアイドルがモーニング娘。であり、モーニング娘。であることは、道重さゆみという人格をその高みにまで成長させることになった。

現在のモーニング娘。メンバーにも道重さゆみの遺伝子が受け継がれている。彼女らがレッスン中に叱られるときのリアクション、逆に褒められたときに照れる表情やしぐさ、他のメンバーと話すときの甘え方や言葉の言い回し。彼女たちは、皆それぞれに個性がある。いつの頃からだろうか、彼女らの周りはいつ何時もカメラが回っていて、そうした環境が彼女たちの日常になっている。そのカメラを前にして全く緊張した様子もなく、彼女たちはたわいのないことで笑いころげ、はしゃぎまわる。その姿は、主にDVDとして販売され、われわれファンを癒してくれている。

彼女たちの無邪気さに触れ、改めて「幸せ」は日常にあることに気づかされる。「お金持ちになる」、「ダイエットに成功する」、「美人になる」、「事業に成功する」。もちろん、どれも素晴らしいことに違いないが、「幸せ」を感じることは何かを達成したときだけのご褒美ではない。道重さゆみもまた、そんな日常の些細な出来事のなかに幸せを見つける天才だった。モーニング娘。はいつだって、大切なことを教えてくれるのだ。

恐らく、モーニング娘。メンバーにとって、アイドルとして生きることは日常を生きることそのものである。つまりは、個々のメンバーの人間的成長と同義なのだ。今のモーニング娘。が纏う雰囲気、この環境を醸成したのは、他ならぬ道重さゆみではないかと感じている。

ありのままの自分を見せつつ、自分の描く理想の人間に自分自身がなってゆく。その過程の一部始終がモーニング娘。という公開ストーリーであり、モーニング娘。最大のコンテンツのように思う。モーニング娘。とはそれぞれが紡ぐ成長ストーリーの集合体なのだ。テレビ出演などでの一瞬の「点」でしかモーニング娘。を見ていない人たちには、この17年という長い「線」上にあるモーニング娘。のいくつもの文脈を読み取ることは難しい。

私も含めて、モーニング娘。を見守り、応援してきたファンは、モーニング娘。のなかで、少女たちが伸びやかに成長してゆく過程をしっかりと目にやきつけている。モーニング娘。は、いわば大勢のプロフェッショナルが真剣に取り組んだ「少女育成システム」でもある。そのなかで、加入当時とは想像がつかないほどの目覚ましい進歩を見せ、尊敬される大人の女性に成長した好例が道重さゆみなのである。

モーニング娘。合宿審査から道重を指導にあたってきた夏まゆみは、「返事もろくに出来ない。自分の意見を言うことすらできない。そんな女の子が長い時間をかけ、苦労を重ねながらも、今はリーダーとして立派にグループを引っ張っているんですから。これは本当に素晴らしい話。（中略）ダンスを通じて私が本当に教えたかったことがあるとしたら、道重はその通りに生きてくれた気がします。ひょっとしたら、私の教育の集大成が道重ということになるのかもしれないな」（『月刊エンタメ』２０１４年７月号）と最大の賛辞を送っている。

道重さゆみのように

モーニング娘。での道重の12年余りをなぞってみると、その過程には、いくつかラッキーな点もあったかもしれない。モーニング娘。加入時は大人数体制のため、道重がゆっくりと成長できる地盤もあったし、厳しい先輩がいてくれたことも道重にとっては幸いした。また、藤本美貴が降板することになり、道重にお鉢がまわってきた「MBSヤングタウン土曜日」では、共演の明石家さんまにトークのセンスを鍛えられただけでなく、処世術まで学ぶことができた。そして、自分が崖っぷちに立たされていると意識し、苦悩していた頃に舞いこんだ番組出演オファー。ここで道重は芸人顔負けのトーク能力を世間に知らしめた。「ナルシスト・キャラ」「毒舌キャラ」は、お茶の間からはバッシングを受け、彼女の心を傷つけたが、彼女はモーニング娘。としての覚悟と自信を深めていった。

確かに、彼女にも自分に自信が持てずに、どう努力したらよいのかわからない時期が長くあった。苦悩に堪え兼ねて、愚痴を言って人前で泣き出すこともあった。しかし、彼女は現実を冷静に捉え、他人の意見に耳を貸し、現実をただありのまま受容する「強さ」を持った。そして、ラッキーなこともそうでないことも全ていい方向に転換してきた。彼女は、自分がネガティブで、人見知りで、音程も取れず、上手く踊れないことを強く自覚したが故に、意識的にポジティブで発展的な思考に努め、結果、これを後天的な気質として手に入れたのだ。

2012年の暮れ、ラジオ番組「道重さゆみの今夜も♥うさちゃんピース」のなかで、今年の10大ニュースの第1位として、8代目リーダーに就任したことを選んだ道重は「(リーダーとしてやらないといけない事前準備の多さに) だいぶ慣れてきて、なんで慣れたのかっていうと、途中ですごい嫌になったんですよ。なんで歌もダンスも出来ないしトークだって自信ないのになんでこんなにやらなきゃいけないんだろうって思って。前の日から用意したり、いつもだったら寝られるのにとか思うと、すっごい自分に対して面倒臭くなったんですね。でも、あぁこれが本当の自分なんだなって思ったんですよね。こういう風に何も出来なくて、今までのリーダーは用意しなくても出来たかもしれないけど、用意しないと出来ないさゆみがさゆみなんだなって思って。あぁそうか、これからはこのさゆみと一生付き合っていかないといけないんだなって気づいたんで、そこで初めて自分で気づいて、自分と向き合おうと思って、一個一個クリアしていくことに気づけたっていうか、だから『あっ、これは緊張する仕事だな』『リーダーとしてちゃんとしなくちゃいけない場所だな』って思うと前日からしっかり用意して、面倒臭いとか思わずに、自分がそうだから仕方ないって思ってやるようにしてからは、むしろ楽しめるようになったし、それからは準備しなくちゃいけないこともだいぶ慣れてきて、準備しなくてもその場で出来るようになったことも増えてきたので良かったなあって思いました。今までのリーダーは出来てたのになんでだろうって思ってそこで諦めなくて良かったたって思いました。自分は自分って思えて、そこでちゃんと自分と向き合えて良かったなって思えた年でしたね。良いリーダーか悪いリーダーかって言われたらわからないですけど、これからもがんばりたいと思います」と語った。

道重さゆみは、自分の弱さを認めることで、それを強さに変えてゆく。ありのままを伝えようとするその様は潔く、そして美しい。モーニング娘。8代目リーダー、道重さゆみ。その少女時代を知るからなのか、誰にでも（もちろん私にも）道重さゆみのような光り輝く生き方ができるような気がしてくる。彼女がモーニング娘。に選ばれた最大の理由は、きっとそこにあるのだ。

第12章　そして　卒業コンサート

いよいよラストコンサートが始まる

２０１４年11月26日、ついにその幕があがる。

「モーニング娘。'14 コンサートツアー秋 ＧＩＶＥ ＭＥ ＭＯＲＥ ＬＯＶＥ ～道重さゆみ卒業記念スペシャル」。その日の横浜アリーナは、朝方から異様な雰囲気に包まれていた。会場周辺は道重さゆみのイメージカラーであるピンク色のＴシャツを着たファンでひしめき合っていた。平日の18時開演だというのに、昼過ぎにはすでに長蛇の列ができている。この公演をもって、道重さゆみがモーニング娘。およびハロー！プロジェクトから卒業するのだ。

この公演は、ライブ映像を映画館で上映するライブ・ビューイングが、全国29か所と海外３か所で行われ、同時にＢＳスカパーでも生中継が決定されていた。

約３週間前に発売された一般チケットは発売開始と同時に瞬殺（瞬時に完売）。用意された１万２０００席では、全くと言っていいほど、ファンの需要を満たすことはできなかった。Ｙａｈｏｏ！オークションでのこのコンサートのチケット取引額は、１階センター席で６万円前後、立ち見席でも２万６０００円前後、最前ブロックともなれば、60万円以上もの値がつく異常人気。全国の映画館を利用したライブ・ビューイングですら２万５０００円の値がついていた。

いまや世界中にファンを持つモーニング娘。'14。そんなグループを率いてきた８代目リーダー・道重さゆみの卒業。約12年という長きにわたってモーニング娘。に人生を捧げ、後輩にバトンを渡した彼女に敬意を払いつつも、彼女の卒業を惜しみ、見守ろうというファンで埋め尽くされた超満員の観客席には、悲しみに耐えられず、幕が上がる前から号泣している者さえいた。

客席には、中澤裕子、飯田圭織、保田圭、石川梨華、高橋愛、小川麻琴、新垣里沙、藤本美貴、久住小春、田中れいな、亀井絵里といった歴代モーニング娘。ＯＧの姿、そしてＢｅｒｒｙｚ工房、℃－ｕｔｅ、スマイレージ（現アンジュルム）、Ｊｕｉｃｅ＝Ｊｕｉｃｅ、真野恵里菜といったハロー！プロジェクトの後輩たちに、田中将大投手&里田まい夫妻、自身も2日前にアイドリング!!!を卒業した菊地亜美や柳原可奈子、そして、彼女をモーニング娘。に導いた病気療養中のつんく♂の姿もそこにあった。終わってほしくないその瞬間が刻々と迫ってくる。

新生モーニング娘。たちとのラストステージ

オープニング。彼女のラストシングル「TIKI BUN」のイントロが鳴り響き、道重さゆみが後輩を従え、先陣を切って颯爽とメインステージに現れる。会場は堰を切ったように大歓声に包まれ、レーザービームの閃光に彩られた。メンバーは花道を通って、客席の海の中央に設置されたセンターステージへと進む。

「わがまま 気のまま 愛のジョーク」に続き、そのまま「What is LOVE?」。いつしかフォーメーション・ダンスと呼ばれるようになった新生モーニング娘。の代名詞となったシングルナンバー。彼女が作ってきた新しいモーニング娘。の姿を、この10人のモーニング娘。を忘れるものかと、観客はのっけから全力で歓声をあげる。

さらに、5曲連続オリコン1位を達成した「時空を超え 宇宙を超え」、そして道重がメンバーに選ばれた時のオーディションでの課題曲だった思い出の「Do it! Now」が続く。

最初のMCで、道重さゆみ卒業後のモーニング娘。の新体制が発表される。第9代目新リーダーは、9期メンバーの譜久村聖。そしてサブリーダーには、引き続き10期メンバー飯窪春菜と新たに9期メンバー生田衣梨奈の名前が発表された。

序盤の大きな盛り上がりとなったのは「彼と一緒にお店がしたい!」。この曲中に道重が加入当時から可愛がっていた新エース鞘師里保に突然キスをする。幼い女の子が大好きな道重と、自分が大人になったから道重さんに可愛がってもらえなくなったと寂しがっていた鞘師。キスの瞬間、大歓声と悲鳴に包まれた会場は、してやったりとご満悦な道重と、照れて赤面している鞘師の姿に爆笑の渦と化す。続くMCで、道重は「こんな大勢の前での、公開りほりほへのキスは、とーっても気持ちいいでーす! これでさゆみ、悔いなく卒業することができまーす!」と満面の笑みで言ってのけ、大喝采を浴びる。12年に及ぶ活動で、会場の誰しもが彼女のキャラクターをよく理解し、彼女もまた何をすれば会場が沸くのかを知り尽くしているのだ。

MCコーナーは、そのままゲストの紹介へと続く。歴代モーニング娘。リーダーを代表して中澤裕子、ハロー！プロジェクト次期リーダーに就任する℃―uteの矢島舞美、そして同期を代表して田中れいなが花束を持ってステージに駆けつける。同期で先に卒業した田中れいなは、最初から道重と抱き合い、「ほんとに同期かなあとか思って。あん時のさゆが信じられん。あのさー、合宿でさー、『にゃーお』って言っとったの覚えとぅ？」と、12年前のオーディションを振り返って爆笑を誘えば、道重は前日に田中から長文メールが届いたことを明かしたうえで「凄い長文で、凄いいいこといっぱい書いてあって、え、これがあの10年前のれいななかな？って」と逆にオーディション当時の田中の幼さをいじるトークで切り返し、会場を沸かせる。

その後、ライブは中盤の見せ場のメドレーへ。このとき、晴れの舞台である道重さゆみに絶体絶命の事態が襲うことになるとは、誰一人想像できなかっただろう。

右足の異変、最後の試練

普通ならあり得ない息が切れる長尺のメドレー。その序盤の「恋愛ハンター」で、道重の右足に突然激痛が走る。大事な自分のラストステージ、しかもコンサートはまだ中盤、本編ラストまでまだ1時間半はたっぷりある。このノンストップメドレーをしのぐだけでも残り10分以上ある。しかも次の曲目は自分のソロ曲「ラララのピピピ」。音楽を止めることも、袖にハケることも許されない。彼女は必死に自身の右のつま先を引っ張り、なんとかセンターポジションまで移動する。

「ラララのピピピ」。そのイントロが流れ出す。ステージ中のスポットライトが後ろ姿の道重さゆみに一斉に集中する。もちろん、この楽曲の失敗は許されない。いつも通りのすらりとした後ろ姿。会場は極限までヒートアップ。そして歌い出しで彼女が観客を振り向く。そこには激痛を微塵も感じさせない、彼女のプライドをかけた満面の笑顔があった。

会場は大歓声。彼女はステージ中央に、「ララピピ」のフリを入れながら前方に出てゆく。さすがに右足は大きく引きずられている。しかし、その顔は少しも歪まない。それどころか、モーニング娘。8代目リーダー道重さゆみ、一世一代のオーラが放出されている。歌い続ける彼女、しかし、観客は彼女の異変にまだ気づかない。音程が取れなかった道重が勝ち取った彼女だけの曲。プロデューサーつんく♂が彼女のためだけに贈った曲でもある。このソロ曲こそ彼女の見せ場。今日でお別れとなるファンのみんなに、史上最高に可愛く仕上がった道重さゆみを披露しなくてはならない。

絶対絶命。渾身のパフォーマンス。

道重さゆみは、自らのソロ曲「ラララのピピピ」を全力で演じきる。リーダーの異変を察知した後輩たちは、観客に不安を悟られないよう笑顔のまま演じている。

しかし、メドレーは止まらない。次曲「ABCD E－cha E－cha したい」のイントロが流れる。この曲では全員が20メートル以上あるセンターステージの先端まで移動しなければならない。「道重さんは歩けるのか？」この緊急事態に自分たちはどう動くのか、自分たちで判断しなければならない。メンバーは観客に向けた笑顔のまま、メンバーとアイコンタクトをとる時間的余裕すらない。

そのとき、引き続きサブリーダーを任された10期メンバー飯窪春菜がいち早く飛び出す。それをきっかけに同じく10期メンバー工藤遥が続く。道重はソロ曲を歌い終わり、正面を向いたまま、右手で観客を煽っている。観客のコールがヒートアップする。メインステージに道重を残したまま、他の後輩たちも飯窪に続く。

次々と道重の横をすり抜けるメンバーは道重を見ようともしない。尊敬する道重さんの卒業公演、このコンサートだけは、絶対に成功させなければならない。大先輩をメインステージに残したまま、後輩たちは何事もなかったかのように、元気いっぱいに歩いてゆく。この間、わずか数秒。この後の対応は全てがイレギュラー、即興となる。その場その場で対応しなければならない。9期メンバー譜久村は　覚悟の笑顔を観客に向けた。

「ＡＢＣＤ　Ｅ－ｃｈａ　Ｅ－ｃｈａしたい」のイントロが終わる。後輩たちはセンターステージに間に合った。道重が欠けたポジションを補うために、全員でフォーメーションを補正してゆく。その合間からカメラがメインステージの道重の姿をとらえる。上半身だけでリズムを取りながら、頼もしげに後輩たちを見ている。足は動かないが、その安心した優しい笑顔に、観客たちのほとんどはまだ異変とは気づかない。

しかし、メドレーは容赦なく、次曲「ワクテカ　Ｔａｋｅ　ａ　ｃｈａｎｃｅ」のイントロに続く。自分が抜けたフォーメーションダンスのライン補正を即興で修正するには難しい楽曲。一瞬、道重の顔に不安が過る。しかし、道重の後輩たちは、年間１００公演を優に超えるライブで養われたイレギュラー対応力を見せつける。先日「後輩たちが頼もしくなっていたからです」と言った道重。それに応え続ける後輩たち。もともとの演出だったかのような見事なフォーメーションが展開される。

伝説のフクムラ・ダッシュ

息つく暇もなく、さらに田中れいなの卒業シングル「ブレインストーミング」が続く。もうメンバーたちは落ち着きを取り戻している。この間わずか数分。信じられない見事な対応力。それどころか後ろを向いた際に、9期メンバー鞘師里保は道重に笑顔まで送る。突然ぽっかり空いた穴に、もう誰もアイコンタクトを取るものはいない。一瞬、カメラに抜かれた道重は、「私の自慢の後輩たちを見て！」と言わんばかりの誇らしげな笑顔を会場に向けた。

しかし、メドレーに安心する時間などはない。次曲は「好きだな君が」。道重さゆみと譜久村聖のデュエット曲。道重と譜久村は20メートル以上離れた場所にいる。これまでのような細かな修正だけではどうにもならない。道重の顔が再び曇る。これまでか。「ブレインストーミング」の演目中、さすがの道重も一瞬、下を向いた。しかし、ここで9代目リーダーが動く。

伝説となったフクムラ・ダッシュ。9期メンバー譜久村聖は、「ブレインストーミング」の終盤に、ひとりフォーメーションを抜け、後方の道重のもとに全力で走り出す。メインステージへと続く長い花道を譜久村が一目散に駆けてゆく。道重の目に譜久村が飛び込む。メインステージで動けない道重は、これまで誰も見たことがないような慈愛に満ちた表情で、譜久村の到着を待っている。まるで万物の全てを包み込み、全てのものに許しを与えるような、そんな天使のごとき微笑みであった。

後に譜久村は「私たちが加入した当初もハプニングがあった。そのときは9期メンバーは何もできず、ただ先輩たちについていくだけだったけど、高橋愛さんの対応力は凄かった。だから聖も高橋さんだったら、どうするかを考えた。本当はセンターステージで歌う予定だったけど、道重さんがメインステージに残ったままだったから。『好きだな君が』を歌えるのは最後、どうしても道重さんの隣で歌いたかった」と当時を振り返っている（ラジオ日本「モーニング娘。'14のモーニング女学院～放課後ミーティング～」）。

メドレーはまだまだ続いた。長過ぎるメドレー。とうとう「Ｌｏｖｅ マシーン（Ｕ

ｐｄａｔｅｄ）」で、道重は痛みに堪え兼ねて、メインステージに作られた階段に腰を下ろしてしまう。一瞬、道重を隠す後輩たち。それでも道重は立てない。ライブはノンストップで進行してゆく。悔しさからか、とうとう道重の顔が歪む。決して足の痛みからだけではない。ラスト・コンサートを全うできない自分の不甲斐なさ、ファンへの申し訳なさからくる涙だった。

しかし、道重はもう一度、顔を上げる。笑顔だった。今一度、自分を受け入れようとする笑顔。高橋愛の卒業コンサートに冠した曲「Ｇ・ｉｖｅ ｍｅ 愛」。長かったメドレー最後の曲。そのイントロで数秒の暗転。道重が再度立てるように配慮されたアドリブの照明演出。しかし、それでも道重は立ち上がれない。ステージに緊張が走る。後輩たちは、歌いながら道重を思う。道重さんのことだけを思う。しかし、前を向く。11期メンバー小田さくらの渾身のボーカル。道重の顔が再度歪む。後輩たちはただただ道重さんのために、渾身のパフォーマンスをするしかなかった。

結局、道重は階段で座った状態でメドレーを終えた。そしてその僅かな合間に9

期メンバー生田衣梨奈、10期メンバー石田亜祐美が観客を煽り、会場の視線を道重からそらす。その数秒の間に、道重のもとに数人のスタッフが駆け寄り、道重はスニーカーに履き替えることができた。もはや立てなくても仕方がない。ただそうなれば、この後の予定を大幅に変えることを検討しなくてはならない。18歳以下のメンバーのいるモーニング娘。は、コンサートが21時をオーバーすることは法的に許されないのだ。

道重のデビュー曲「シャボン玉」のイントロが流れる。デビュー当時から歌いだしを受け持っていた田中れいな卒業後、このパートは道重が引き継いでいた。それをよく知る観客は「愛する人は、あなただけ〜」の「あなただけ〜」の部分を「さゆみだけ〜」と被せてコールする。またもや一瞬の暗転。ようやく事態をのみ込んだファンは、道重がどのような状態であろうと、渾身の気持ちを込めてコールしようと、その時を待った。

再びスポットライトがあてられたステージ。なんと道重は立っていた。ちょっと巻き舌で歌われる「愛する人は～」で、堂々とセンターに立つ道重に驚いた満場の観客は、声を限りに「さゆみだけ～」と叫ぶ。それは道重さゆみへの愛と12年間のありがとうを込めた全力の叫びだった。

スニーカーに履き替えたことが功を奏したのか、それとも足の痛みに慣れたのか、この後、道重は動けるようになった。しかし、その後はａｕのＣＭソングにもなった「Ｐａｓｓｗｏｒｄ ｉｓ ０」。ここに来て、今ツアー中、一番キツい振り付けの楽曲だ。観客からはもうやめてくれ！　と願うものまでいた。しかし、道重はジャンプをする。どれほどの痛みに耐えたのだろうか、ところどころで痛みがぶり返した様子もあったが、道重さゆみは最後までパフォーマンスをやりきった。

超えてゆけ。過去も。私も。

道重本人はもとより、このコンサートでの後輩メンバーの迫真のパフォーマンスに圧倒されつつ、会場のファンは、道重さゆみの様子をまさに息をのんで見守っていた。

コンサートラストで、堪えた感情が溢れ出す。「最後の曲になります」と言った道重に思わず涙が込み上げる。もちろん、卒業してしまう寂しさだけの感情ではない。足を痛めてしまった悔しさだけでもない。彼女が泣きながら歌った「Ｂｅ Ａｌｉｖｅ」。その歌詞にある「目指すなら栄光とプライドだな」という道重さゆみそのものを魅せた公演となった。

終わってみれば、なんとも道重さゆみらしい、道重さゆみの「可愛い」と「かっこいい」がいっぱいに詰まった公演だった。こんなに会場全体が愛に満ちあふれていた公演を私は今まで見たことがない。そして、「超えてゆけ。過去も。私も。」は、道重さゆみのラスト・シングル「ＴＩＫＩ ＢＵＮ」で展開された屋外広告コピーだったが、まさにそんな意味を持った公演でもあった。

幕が降りても観客のコールは止まない。しかし、もう再び道重さゆみが現れることはないと誰もが知っている。彼女はこの瞬間からモーニング娘。ではなくなったのだ。彼女のモーニング娘。人生はこうして幕を閉じた。
そして、モーニング娘。の物語は、また始まっていくのである。

※書籍、雑誌からの引用には出典を明記した。ＤＶＤおよびラジオ、テレビなどでのコメントは筆者の書き起こしによる。

エピローグ

12年後、その少女は大人になった。

返事すらできなかった少女は、いまや息をのむほどに美しい、聖母のような品格をそなえた女性となった。彼女は今、華やかなステージで、長きにわたって応援してくれたファンに別れを告げた。

彼女は何も持っていなかったどころか、誰もがあこがれる特別な女性となった。彼女が特別だったのは、最弱だからこそ最強になり得ることを教えてくれたからかもしれない。4329日。彼女がモーニング娘。だった日々、彼女が苦悩し、喜び、学んだことの全ては、われわれファンが苦悩し、喜び、学んだことでもある。

現在、道重さゆみは無期限活動休止中である。

あとがきに代えて

モーニング娘。'15は今、2015年4月に12期メンバーが加入して初となる、通算58枚目のシングル「青春小僧が泣いている／夕暮れは雨上がり／イマココカラ」を発売し、「モーニング娘。'15コンサートツアー春 GRADATION」で全国を駆け巡っているところだ。

本書が彼女たちの魅力を伝える一助になれば幸いと思っている。しかし、彼女たちの本当の魅力を知るには、何より彼女たちのライブに出かけることが一番であるが、そこまでの勇気がない方には、まずは動画で見ることをお勧めする。Youtube等の無料動画サイトには過去17年分のモーニング娘。の動画が膨大に蓄積されている。我々はいつでもどんな時代のモーニング娘。も見ることができる。

本書で触れたモーニング娘。と「道重さゆみ」の歴史のうち、私がファンになる以前の話の多くは、おおよそ「ハロー☆トライブ」で酒を飲みながら話し、聞いたことが元になっている。「道重さゆみ」については、基本的に第三者である筆者の勝手な思い込みが多くなってしまったことをご容赦願いたい。

少しでもモーニング娘。'15およびハロー！プロジェクトに興味があれば、筆者のBARにも一度立ち寄ってみてほしい。ハロー☆トライブは、おそらく世の中のヲタクのイメージからかけ離れた紳士や淑女でにぎわっている。紳士や淑女は言い過ぎだとすれば、ごく普通の常識ある社会人の方々である。外国からもたくさん来店され、店内はときに英語が飛び交うグローバルな日もある。店内でＹｏｕｔｕｂｅをリクエストできるシステムを独自に開発し、毎日各グループやメンバーについて、あれやこれやと話ができる。個からトライブへ。コンサートに行く勇気がない人でも誰かが背中を押してくれるし、自宅でＹｏｕｔｕｂｅを見ているだけの段階から、コンサートに足を運ぶ段階にあがるための中継地点となる存在になっていければと思っている。

ハロー☆トライブは、ハロー！プロジェクトが大好きな人たちのためのＢＡＲである。営団地下鉄銀座線「末広町駅」徒歩1分。中央通り沿いのマクドナルドの隣のビルの階段を登った2階にあって、営業時間はほぼ19時〜23時。不定期に休むので、Ｔｗｉｔｔｅｒをフォローするか、あらかじめホームページで確認する必要がある。筆者の私もお店に大抵居るが、ＢＡＲなので20歳以上推奨。一応ジュースなどのノンアルコールも置いてはいるが、高校生以下の方は保護者同伴か、もしくは大人になってから。20歳以上の方なら、気軽に立ち寄っていただきたい。

一緒にお酒を飲みながら、ハロー！プロジェクトの話をしよう。そして、できれば拙著の感想を教えてほしい。「さゆ」のように、どんな批判も受け入れたいところだが、まだ未熟者であるので、できれば褒めに来て欲しい。

２０１５年6月

ハロ☆トラ店長

@reqtubehellopro

ハロー☆トライブ

http://www.hellotribe.jp/

@hellotribeHQ

営団地下鉄銀座線末広町駅
徒歩 1 分

東京都千代田区外神田 5-1-5
末広 JF ビル 2F

平　日：19:00 ～ 23:00
土日祝：18:00 ～ 23:00
※不定休（ＨＰ参照）

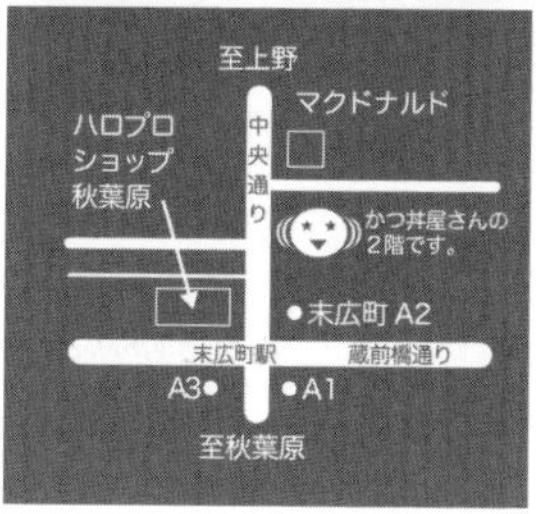

道重さゆみという生き方
～モーニング娘。史上最強のリーダーと呼ばれるまで～

2015年8月24日　初版第1刷発行
著　者　ハロ☆トラ店長
発行者　深 澤 徹 也
発行所　株式会社メトロポリタンプレス
〒173-0004　東京都板橋区板橋3-2-1
TEL.03-5943-6430　FAX.03-3962-7115
http://www.metpress.co.jp/
印刷・製本　株式会社ティーケー出版印刷

ISBN978-4-907870-11-9　C0276